한국사회 문제 해결의 빛

빅데이터 4.0

빅데이터 4.0

1쇄 발행일 | 2017년 11월 20일

지은이 | 최공필 · 서정희
펴낸이 | 정화숙
펴낸곳 | 개미

출판등록 | 제313-2001-61호 1992. 2. 18
주소 | (04175) 서울시 마포구 마포대로 12, B-127호(마포동, 한신빌딩)
전화 | (02)704-2546
팩스 | (02)714-2365
E-mail | lily12140@hanmail.net

ISBN 978-89-94459-83-7 03320

값 15,000원

한국사회 문제 해결의 빛

빅데이터 4.0

최공필 · 서정희 지음

개미

| 서문 |

이 책은 최근 많은 사람들이 경험하기 시작한 '디지털 혁명'에 관한 다양한 이슈를 다루고 있다. 불과 몇 년 사이에 4차 산업혁명과 인공지능, 빅데이터, 디지털 혁명, 그리고 카카오뱅크 등의 인터넷전문은행들이 우리의 일상생활에 스며들고 있다. 더욱이 이제는 디지털 전환관련 노력의 성패여부가 국가적 운명까지 좌우할 수 있다는 인식마저 강화되면서 다수의 사회구성원들마저 무엇인가를 해야 한다는 강박관념에 사로잡히기 시작했다. 그러나 새로운 것들에 대한 다수의 공감대가 따라가지 못하는 상황에서 현실을 도외시한 전략적 드라이브는 자칫 부작용을 키우기 쉽다. 따라서 이러한 변화의 핵심이 무엇인지와, 과연 우리들은 어떻게 이를 받아들이고 준비해야 하는지에 관해 균형잡힌 공감대가 형성될 수 있도록 내부의 상황을 감안한 의견을 적극적으로 개

진할 때가 됐다.

사실 90년대 이후 인터넷 혁명으로 우리는 이미 거대한 변화를 경험했으나, 이러한 변화는 다가올 디지털 혁명의 파급효과와 비교하면 시작에 불과하다. 즉 인터넷 혁명은 지금부터 본격적으로 전개될 디지털 혁명의 전단계인 것이다. 이러한 관측은 맥킨지(McKinsey)를 포함한 다수의 컨설팅 보고서는 물론 유수의 정부기구나 은행들의 연구결과에서 공통적으로 제기돼 왔다. 그렇다면 과연 디지털 혁명은 앞으로 어떠한 방식으로 우리의 생활과 행동방식에 영향을 미칠 것인가?

디지털이다(Being Digital, 1995)의 저자인 네그로폰테(Negroponte)에 따르면 디지털 혁명이란 물질세계에서 가장 핵심적인 원자(atoms)를 디지털 세계의 가장 핵심단위인 비트(bits)로 전환하는 디지털화를 통해 가치를 창출하는 과정의 전반적인 변화를 뜻한다. 과거 물질세계에서 물질을 만들고 전달하는 일련의 과정은 복잡했다. 그러나 디지털화라는 변환을 거치면 복제비용이 없기 때문에 어디서든 정보에 접근이 가능하고 원래 상태로 다시 변화시킬 수 있으므로 획기적인 새로움과 더불어 서비스 품질의 향상이 가능하다. 더 이상 접근성의 차이로 인해 가치가 차별화되는 결정구조가 아니다. 분리되고 격리된 본질이 아니라 연결된 본질에서 새로운 의미를 찾아야 하는 세상이다. 더욱이 이제 보다 본질적인 가치, 즉 본연의 가치는 사용자의 입장에서 평가될 수밖에 없는 구조다. 아무리 훌륭한 비법이라고 하더라도 더 이상 누군가의 머릿속이나 품속에 있는 것만으로 가치를 평가받기 어렵다. 다수에게 어필할 수 있고 광범위하게 활용될 수 있어야 비로소 가치가

인정되게 된다. 이와 같이 과거 접근성의 차이로 가치평가가 왜곡되었던 세상을 디지털화로 자유롭게 하는 과정에서 우리는 경제생활 전반에 걸쳐 근본적인 차이를 경험하게 된다. 실제 디지털화는 제품 및 서비스의 과거 공급경로에 대한 의존도, 특히 중간에서 다양한 연결을 시켜주면서 접근성을 확보해주었던 전통적 신뢰주체들의 역할을 송두리째 흔들어놓는 와해적 효과를 이미 여러 분야에서 보여주고 있다. 예컨대, 정보산업 분야의 모든 서비스의 생산과 전달 과정은 이미 변화된 지 오래다. 우리가 매일 접하는 신문 방송 음악 등 문화 콘텐츠의 생산과 판매에 이르는 전 과정은 크게 바뀌었고, 미래를 가늠하기 어려울 정도의 혁신을 나날이 초래하고 있다. 학계뿐만 아니라 모든 사회서비스 영역에서 과거 패턴이 파괴되고 서비스와 제품의 생산과 유통이 직거래방식으로 변모하고 있다. 이러한 변화는 디지털 변환의 '중간과정을 과감히 생략 가능한' 특성 덕분에 일어났다. 전달자체를 온전하게 A에서 B로 보내는 것이 아니라 디지털화하기 때문에 속도나 정확성면에서 아날로그 방식과는 비교가 되지 않을 정도로 뛰어나다. 또한 디지털화는 중간 검증이나 중개과정에 대한 가장 위협적인 변화를 뜻하기도 한다. 디지털 변환에 대한 제3자의 검증 자체가 필요하지 않기 때문이다.

특히 전통적으로 규제산업으로 불리웠던 금융산업은 디지털 혁명의 가장 큰 영향을 받는 분야인데, 최근의 핀테크 혁명을 통해 나타난 변화들이 이를 증명한다. 보안 및 지급결제 등 인증과 관련된 전 분야의 변화는 디지털화를 통해 이루어지고 있다. 그중에서도 '당사자간의 직거래'(peer-to-peer: P2P) 방식의 변화는 디지털 경제의 가치창출 효과가 연결패턴이나 연결정도에 따라 엄청나게 커질 수 있음을 뜻한다. 연결이면 무엇이든 상관없는 것이 아니라 연결의 패턴과 방식, 정도에 따라 확연한 차이가 나타나는 구조다. 과거 예금과 투자를 이어주던 은행 등 금융중개기관들의 역할은 근본적인 도전에 직면하게 됐다. 게다가 가장 핵심적인 지급결제 시스템의 중추적 역할마저도 중앙은행 중심의 글로벌금융시스템의 유효성에 관한 대안적 평가들이 나타나기 시작하면서 변화가 요구되고 있다.

과거 금융업에 오랜 기간 종사하며 시장의 신뢰를 구축했던 금융중개회사들, 즉 '신뢰할 수 있는 제3자'(Trusted Third Party)가 제공하던 서비스를 이제는 사용자와 소비자가 스스로 직접 연결해 이용하는 세상이 됐다. 이러한 추세는 소위 말하는 '초연결사회'에서 뚜렷하게 나타난다. 즉 디지털화는 초연결 환경의 기본적 요건인 동시에 시장구조에도 본격적인 변화를 초래하기 시작한 것이다.

시장에 연결을 통한 본질적 변화가 나타나니, 시장의 수요나 공급측면에서도 과거의 방식으로는 변화를 제대로 파악하기 어렵게 됐다. 현재 소셜미디어는 모든 분야에서 가공할 힘을 발휘하고 있으며 소셜네트워크서비스(SNS)에 반영된 정보를 해석하는 것이 모든 경제활동의 가장 기본적인 절차로 자리 잡았다. 갑자기 우리 곁에서 보여지는 새로운 서비스들의 이면에는 얽혀진 이해관계와 책임소재 파악조차 어려운 정보의 혼돈상태가 자리잡고 있는 것이다. 즉 모든 변화를 가능케하는 우리의 데이터 프라이버시는 우리가 알게 모르게 다양한 형태로 전례없이 위협당하기 쉬우며 편리성의 이면에는 또 다른 종속관계로 이어지게 하는 복선이 깔려 있음도 주목해야 한다.

가히 디지털 변화는 특정분야뿐 아니라 우리사회 전반에 그리고 우리의 사고방식이나 생활방식에도 상당한 영향을 미칠 것으로 보인다. 인간과 인간의 대화 대신 모두가 디지털 기기를 통해 소통을 이뤄내고 있는 것이 현실이다. 디지털 과정을 거치지 않고 이루어지는 소통은 이제 기대하기도 힘들다. 엄청난 변화 속에서 편리함과 효용이 증진되는 이면과 달리 공정경쟁의 틀이 왜곡되고 특정계층은 소외되기 쉬우며 디지털 친숙도에 따라 계층화도 심화될 우려가 존재한다. 분열과 통합이 되풀이되면서 또 다른 지배구조가 형성되어가고 있고 이는 소위 와해와 재구성이라는 유사한 과정 속에서 새로운 질서와 공동체 형성이 이루어질 것이다. 즉 디지털 변화에 대해 사회구성원이 바른 식견과 판단 그리고 건전한 의식을 가지고 대응하지 않는 한 현재의 현란한 편리함은 새로운 지배구조의 정착과 더불어 또 다른 종속과 보이지 않는 폐해로 귀착될 위험도 상존한다.

따라서 연결로 초래되는 편리함과 혜택을 다수에게 전달하고 연결로 불가피해지는 시스템 위험요인의 증가와 프라이버시 관리의 어려움에 대응하려면 상당한 준비와 노력이 불가피하다. 즉 연결의 실체를 파악하고 이에 기초해 새로운 가치를 만들어내려면 데이터 분석이 절대적으로 필수조건이다. 보다 궁극적으로는 현재 빠르게 진행되는 디지털화 기조 속에서 '앞으로 각 경제주체들이 어떻게 가치창출에 기여하고 대처할 것인가?' 하는 물음의 근본적인 해답을 모색하고자 한다. 놀랍게도 해답은 단순한 기술적 해법의 모색차원을 넘는 역사와 철학 그리고 정치적인 요소를 포함한다. 그만큼 현재의 변화는 광범위한 동시에 매우 심층적인 차원의 질문과 도전을 지금 살아가는 모든 구성원들에게 던지고 있다. 분명 다수의 관심과 참여가 소홀해지면 바람직하지 않은 질서와 체계가 정착되기 쉽다. 중앙중심적 체제가 완전한 수평분산적 체제로 발전한다고 속단하기도 어렵다. 그만큼 체제적 갈등과 조율 그리고 진화는 앞으로도 지속될 것이다.

전개는 다음과 같다. 우선 첫째 장에서는 디지털 경제의 명과 암, 좋은 점과 우려되는 점 그리고 이를 어떻게 국가적 입장에서 받아들여야 하는지와 더불어 디지털 경제가 당초의 기대대로 모든 구성원을 위한 선택으로 인식되기 위해서 각국 당국들이 무엇을 해야 하는 지에 대한 논의의 순서를 따른다.

무엇보다도 가치창출의 핵심인 '연결'에 관한 이해를 돕는다. 연결로 새로운 가치창출을 구현하는 플랫폼의 역할과 이를 활용한 전략적 포인트에 대한 연구결과도 소개한다. 단순한 연결이 아니라 연결의 구조와 질적 변화를 사회적으로 이롭게 유도할 수 있는 대안적 모색도 중요하다. 결국 좋은 연결에 기초한 가치창출을 구현하기 위한 데이터 분석 즉 빅데이터 분석과 인공지능에 디지털 경제의 해법이 달려 있다는 판단이 중요하다. 따라서 데이터의 가공과 수집 및 활용을 규율하는 일련의 법과 규제체계에 관한 논의가 자연스럽게 이어지게 된다.

결과적으로 우리가 만들어가는 디지털 세상에서 인공지능이 아닌 우리가 주인역할을 하려면 데이터의 관리능력을 우리 스스로 확보하는 것이 가장 중요하다. 개방형 플랫폼과 디지털 경제의 기반은 바로 데이터의 관리와 활용이 제대로 이루어졌을 때 비로소 제대로 된 가치를 기대할 수 있다. 모처럼 사회구성원이 모두 참여할 수 있는 디지털 패러다임이 형성되고 있다. 데이터의 주인으로서 디지털 권리장전을 스스로 지켜나가지 못하면 다른 형태의 종속적 지배구조를 피하기 어렵다. 모든 역량은 경쟁력 위주로 집중될 수밖에 없기 때문이다. 디지털 변환으로 불가피해진 와해와 재구성의 과정에서 모두에게 혜택이 돌아가는 방향으로 유도하려면 공동체 유지를 위한 사회적 차원의 공감대 수렴과정이 여전히 중요하다. 이를 디지털 환경에 맞게 발전시키는 것은 사회구성원 모두의 책무다.

마지막 장에서는 여러 단계의 논의를 거쳐 조율된 해결책들이 실현되기 위한 구체적이고 현실적인 과제를 살펴보며 마무리한다.

| 차례 |

4장

데이터 활용이 어려운 대한민국의 현실

5장

4차 산업혁명의 가치를 창출하라

6장

데이터 결합, 분석, 보안이 빅데이터 4.0 성공의 기본요소

1장

디지털화와 디지털 경제

디지털 경제의 매력은 차세대 성장엔진으로서의 가능성을 지녔다는 점이다. 다수가 참여하고 특정산업에 대한 집중없이 균형적인 지속성장을 구가할 수 있다면 디지털 경제로의 전환은 아무리 강조해도 지나침이 없다. 실제로 디지털 경제로의 전환 노력은 선진국은 물론 거의 모든 나라가 국가적 아젠다(agenda)로 삼기 시작했다. 그만큼 디지털 변환이 가져다줄 다양한 가치창출의 기회는 미래 사회의 고용과 성장의 핵심 동력으로 작용할 수 있다. 실제 유럽의 디지털단일시장을 준비하고 있는 유로위원회의 추정에 따르면 디지털화가 창출할 수 있는 가치는 4,150억 유로에 이르는 것으로 분석되고 있다. 인력뿐만 아니라 모든 재화와 가치가 자유롭게 이동 가능한 환경에서 창출될 수 있는 부가가치는 천문학적인 수준이다.

이렇게 각국 정부들이 디지털 경제로의 전환에 적극 나서는 이유는 다양한 분석결과가 디지털화를 통해 국가적 미래 경제의 주도권을 확보하고 고용과 성장기반을 다질 수 있다고 제시하기 때문이다. 현 경제체제에서 고용창출 능력이 한계에 도달한 가장 큰 이유는 시장참여 자격을 소수에게만 허용하기 때문이다. 경쟁에 노출된 기업들이 자체적 비즈니스 모델을 전면 수정하지 않는한 비용절감을 위해 취할 수 있는 선택은 극히 제한적이었다. 그러나 이제는 고용조정을 통한 비용관리로는 대응자체에 한계를 가질 수밖에 없다. 보다 근본적인 틀의 개혁이 필요하기 때문이다. 즉 이제는 자체적 고용이 아닌 다수의 사용자 기반을 통해서 수익을 창출할 수 있는 개방형 플랫폼 기업이 주도하는 시대이다.

따라서 최대한 많은 고객들을 끌어들일 수 있는 소프트웨어와 인프라를 구축하는 것이 무엇보다 필요하며, 이러한 노력들이 합법적인 틀 안에서 이루어지는 것이 똑같이 중요해졌다. 따라서 미래의 고용창출은 직접적인 수익 창출 목적으로 이뤄지기 보다는 생태계 차원의 접근을 통해 다수를 시장에 끌어들일 수 있는 분야에 투자하는 우회적 방향으로 이루어지는 것이 타당하다. 소위 고용자 수를 늘리는 노력자체가 실제 절실하게 필요한 비즈니스 전략이나 패러다임의 전환 노력과 맞물리지 못한다면 개선효과는 극히 제한적일 수밖에 없다. 또한 유사한 맥락에서 기술적 효율성을 제고하는 것만큼 중요한 노력이 규제나 법적 프레임을 환경에 맞게 조정하는 것이다. 이는 결정과정의 합치성이 결정요인들의 관리 이상으로 중요한 항목이기 때문이다. 즉 일련의 투자 결정에 있어 법적, 규제적 틀에 관한 논의는 필수적이다. 그러나 다소 모순적이지만 기술이 더욱 중시될수록 오히려 법적 테두리에 관한 논의가 더욱 중요해지는 상황이 전개되는 것이다.

4차 산업혁명과 디지털 경제

'4차 산업혁명'은 2016년 초 다보스 정상회담 이후 초미의 관심사로 자리잡았다. 그간 실체가 불분명했던 혁명의 성과도 우리 주변에서 서서히 모습을 드러내고 있다. 실제 증권사와 정보기술(IT) 회사의 업무제휴와 같이 고유의 영역을 넘나드는 여러 형태의 합종연횡이 전 산업에 걸쳐 나타나고 있다. 강력한 변화의 파고가 온실 속 화초처럼 보호돼 온 우리의 산업 생태계를 흔들기 시작했다. 4차 산업혁명은 증기 및 기계화로 표방되는 1차 산업혁명, 전기와 대량 생산으로 대표되는 2차 산업혁명, 그리고 컴퓨터와 인터넷 기반의 자동화를 이룩한 3차 산업혁명 이후에 등장한 전례 없이 진화된 패러다임을 뜻한다. 이는 정보통신과 인공지능을 기반으로 모든 산업분야의 와해와 재구성, 새로운 융합을 촉진하고 있다. 즉 산업 간의 구분이 모호해지고 생산되는 서비스와 제품도 소비자와 시장의 반응을 바탕으로 업그레이드되는 협업의 구조를 만들어 내고 있다.

〈4차 산업혁명〉

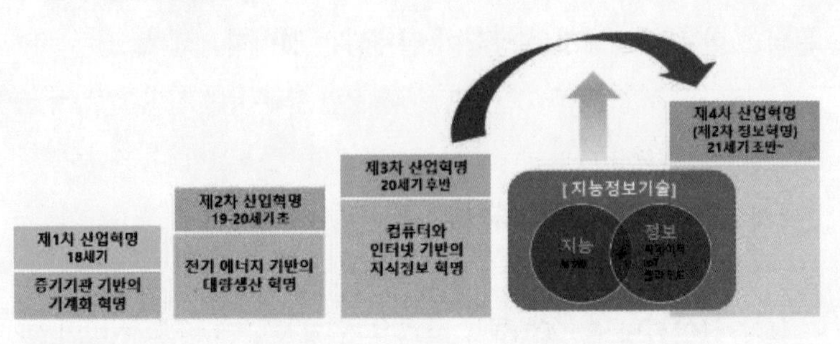

자료 : 다보스포럼(2016) 재구성

4차 산업혁명의 시대에는 기업이 독점해오던 생산수단을 누구나 오픈 소스(open source)로 활용할 수 있으며, 생산 활동에 필요한 자본도 크라우드 펀딩(crowd funding)으로 유치할 수 있다. 기술의 민주화(democratization of technology)와 더불어, 과거보다 한층 쉬운 자금 유치 등의 여건을 기반으로 이미 수백 개의 스타트업들이 시장에 뛰어들고 있다. 또한 이들은 기존의 아날로그 기업들이 해왔던 것보다 훨씬 빠른 속도로 성공에 다가서고 있다. 포춘(Fortune, 2016)이 선정한 500대 기업이 시가 총액 10억 달러를 달성하는 데는 평균 20년이 걸렸지만, 구글(Google)은 8년, 그리고 우버(Uber)나 스냅챗(Snapchat), 샤오미(Xiaomi)와 같은 회사는 3년도 채 안 되는 시간 동안 시가 총액 10억 달러를 달성했다.

이미 인공지능은 자연지능을 앞지르고 새로운 종속과 지배의 수단이나 주체가 될 수 있음을 명확히 보여주었다. 사실 4차 산업혁명은 근본적으로 정보통신기술의 발달과 스마트폰의 보급으로 인해 과거에는 상상하기 어려웠던 초연결의 환경이 조성됐기 때문에 발생한 것이다. 연결이 주는 파장은 상상을 초월한다. 실제 연결된 시장과 그렇지 않은 시장의 차이는 생각보다 훨씬 크다. 과거에는 소위 사일로(silo)[1] 식의 전문화와 대량생산 방식으로 접근 가능했던 시장이 연결로 인해 수급요인이나 취향마저 수시로 변화하는 전례 없는 국면으로 진화하고 있다. 따라서 과거의 생산과 접근방식으로는 경쟁력을 유지하기가 어렵다.

여건이 이렇게 바뀌다 보니 시장과 고객 간의 끊임없는 대화를 통해 이들을 상호 만족시키기 위한 고객참여유도 방식의 협업과 개방적인 전략이 절대적으로 필요해졌다. 실제로 선진국의 소위 잘나가는 기업 대부분은 플랫폼 기업으로 분류되고 있다. 즉 자체적인 생산시설이나 고용인원으로 가치창출을 주도하는 과거의 방식이 아니라, 고객이 가치창출의 일부가 되는 개방장터의 모습을 띄고 있다. 구글(Google)이 주도하고 있는 탐색엔진 전략 또는 롱테일(long tail)[2] 전략은 이러한 다면적 시장에 접근하기 위한 합당한 선택의 적절한 예다. 구글 수익의 80% 이상이 우리가 클릭하는 검색엔진과 연관된 광고수입임은 이미 널리 알려진 사실이다. 아마존(Amazon)도 마찬가지다. 모든 전자상거래가 원활히 이루어질 수 있는 시장을 바탕으로 온라인 투 오프라인(Online-to-offline; O2O)의 가치체계를 구성했기 때문에 엄청난 가치창출의 기적(scalability)을 보여주고 있다. 이렇듯 시장의 본질적 변화 즉 연결

1) 사일로(Silo)란 원래 곡식을 저장해두는 원통형 창고를 말하며, 사일로(Silo) 조직은 특정 분야에 국한된 업무만을 수행하여 부서별 전문성을 확보하고 생산성을 높이기 위해 구성된 조직.

2) 롱테일(long tail)을 이용한 비즈니스 모델인 구글 애드센스(AdSense)는 작은 규모의 매체인 웹페이지들로 하여금 저렴한 광고 기회를 제공하였고 "티끌 모아 태산"식으로 구글 전체 매출의 50%를 만들어 내고 있음.

된 세상이 가져다주는 모든 참여자들의 행동패턴 변화, 영역 구분의 와해, 데이터 중심의 접근에 성공적으로 적응한 기업들만이 소위 '요새 잘나가는' 기업이 되는 것이다.

인류 변화의 역사가 비약적인 발전(quantum jump)으로 비춰질 수 있지만, 다윈(Darwin)의 지적과 같이 대다수의 경우 끊임없는 진화로 이뤄졌다. 수년 전부터 꾸준히 진행된 연결이라는 요소가 새로운 가치창출의 기반이 된 것이다. 개별 요소가 아닌 연관된 네트워크를 기반으로 창출되는 가치는 과거의 것과는 차원이 다른 파괴력을 지닌다. 이는 소위 경제학의 네트워크 효과와 더불어, 연결이 가져다주는 범위와 규모 그리고 또 다른 차원의 연관이 합해져서 생기는 폭발적인 가치창출 능력이다. 길게 보면 인류는 시초부터 지금까지의 경험을 단 몇 년간에 축적하는 셈이며, 이러한 추세는 더욱더 가속화될 것이다.

이러한 상황에서 유럽은 디지털 환경의 지속적인 변화를 지원하기 위해 가능한 한 최단 기간 내에 디지털 혁신 촉진과 관련 위험 사이의 균형을 맞추는 규제 프레임워크를 제공해야 한다고 판단했다. 따라서 금융 안정성과 시장에서 효율성 향상을 가져 오는 새로운 비즈니스 모델 개발 사이의 균형을 갖춰야 한다며 디지털 단일시장(Digital Single Market)을 구상했다. 이와 관련해 유럽위원회(European Commission)는 디지털단일시장을 통해 금융 기술의 발전을 장려하고 금융부문에 역동성을 창출하는 한편 데이터 접근이나 전송, 재사용과 관련해 새로운 위험이나 잠재적 실패를 불러일으키지 않고 시장 신뢰를 잃지 않기 위해 노력해야 한다고 강조했다.

독일의 인더스트리 4.0

4차 산업혁명의 발상지라 할 수 있는 독일은 주요 선진국들 가운데 제조업의 비중이 가장 높은 국가다. 따라서 독일은 2009년 경제 위기를 겪으며 이를 극복하기 위한 방안으로 제조업 유지와 활성화를 고려했고, 인더스트리 4.0(industry 4.0)을 내놨다.

기존의 대량생산 방식만으로는 앞으로 가격 경쟁에서 살아남기가 불가능하다고 여기고, 시장의 변화에 유연하게 대처하면서도, 점점 더 개인화되는 소비자들의 요구를 충족시킬 수 있는 새로운 형태의 생산 시스템을 구축하려는 것이 인더스트리 4.0이다. 독일은 이러한 생산 과정에 인간과 기계의 협력 과정을 활용하고자 했다. 이를 통해 자국의 자동차, 엔지니어링, 전자 등 주력산업의 경쟁력을 향상시키는 동시에, 새로운 유형의 생산 설비를 선점해 전 세계에 팔려는 계획이다. 여기에 추가로 설비에 대한 유지 보수를 통해 추가 매출을 올릴 수 있는 서비스도 함께 추진 중이다. 독일 연방경제에너지부(BMWi)는 제조업의 디지털화로 인해 기존의 제조업 생산 시스템은 붕괴할 것으로 내다봤다. 반면 인더스트리 4.0은 독일에서만 2015~2025년 추가 성장 잠재력이 260조~552조 5,000억 원으로 추정될 정도로 경제적 파급효과가 크다고 한다.

인더스트리 4.0은 생산 공정에 혁명적인 변화를 불러오고 있다. 개별 주문 생산은 가상물리시스템(Cyber-Physical System; CPS) 기술의 발전에 기반하고 있는데, 가상물리시스템(CPS)은 현실의 물리적 세계가 사이버 세계처럼 움직일 수 있도록 하며 디지털 기술이 물리 세계를 인간의 의도대로 조절할 수 있는 기술을 의미한다. 이 기술을 활용하면 생산 제조과정을 혁명적으로 스마트하게 변화시킬 수 있다. 즉 스마트 팩토리(smart factory)가 가능해진다. 컨베이어 벨트에서 주체인 기계설비가 객체인 부품과 제품을 만들어가는 기존 방식에서, 반대로 부품과 제품이 주체가 돼 객체인 기계설비의 서비스를 받아가며 스스로 생산하는 방식으로 변하는 것이다. 이처럼 가상물리시스템(CPS) 생산 공정과정은 주체와 객체가 뒤바뀌도록 해 앞으로는 모든 요소들이 주체로 변화되는 분권화(decentralization)를 실현할 수 있을 것이다. 또한 부품과 기계설비들이 스스로 의사소통하며 작업하므로 인간의 노동력도 거의 필요로 하지 않게 된다. 인공지능과 사물인터넷(Internet of Things; IoT)은 이러한 가상물리시스템(CPS)의 발전을 지원해준다.

〈인더스트리 4.0의 생산체계〉

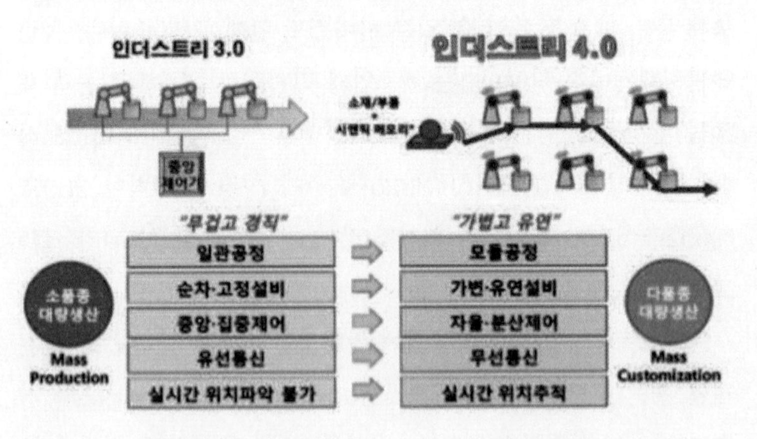

자료 : 포스코경영연구소, 2014.

이러한 과정이 기반이 되어 우리 사회 전체는 중앙집권화된 사회(centralized society)에서 분권화된 사회(decentralized society)로 빠르게 전환되고 있다.

디지털화에 따른 금융분야의 변화

우리나라에서는 2015년부터 본격적으로 핀테크 혁명이 시작되면서 새롭게 변모하고 있는 환경 등 제반 요인에 대한 폭넓은 이해가 절실해졌다. 최근 금융권과 경제 전반에 나타나는 변화는 기술과 사업 양면에서 동시에 진행되면서 과거의 것과는 구조적, 질적으로 다른 양상을 보이고 있다. 무엇보다도 핀테크 혁명, 핀테크 변화 등으로 불리는 새로운 변화는 모바일, 블록체인(Blockchain), 빅데이터(Big Data) 분석 등 획기적인 기술 혁신성을 선보이고 있다. 동시에 기술주도형 변화는 금융안정 측면에서 금융시장 참가자들로 하여금 당장의 편의와 혜택을 구가하기에 앞서 파악되기 어려운 위험요인을 내포하고 있다. 시시각각 변화하는 대내외 환경 속에서 참여자들의 신속하고 유연한 적응은 새로운 성장 동력을 발굴하고 키워나가는데 필수이므로 최근 변화의 의미와 가치에 대한 깊이 있는 이해와 대응이 필요하다.

우선 점차 기술 의존적으로 변모해가는 금융서비스, 금융 산업구조 등 전 영역에 걸쳐 진행되는 변화에 대한 새로운 분석이 요구된다. 개별적인 차원의 기술 분석은 새로운 변화가 이뤄지는 초기단계에서 집중적으로 진행되지만 현재의 변화를 개별적으로 파악하는 데는 분명 한계가 있다. 오히려 변화의 핵심을 놓치기 쉬운 접근방법이기 때문이다. 이는 최근의 변화가 개별요소 간의 연관 즉 연계성에 기초한 변화를 의미하기 때문이다. 분명 최근 금융 전반에 도입되고 있는 기술요인들은 단순히 서비스의 질적 변화뿐 아니라 관련 생태계 차원의 변화를 반영하고 있다.

이러한 기술요인이 금융 전반에 빠르게 침투할수록 지불결제서비스 자체의 전달방식이 바뀌어 중앙은행, 감독당국, 금융회사, 부가가치 통신망(Value Added Network; VAN)사, 전자지불대행(Payment Gateway; PG)사 등 시장 참여자 사이의 경쟁과 협력 상황도 수시로 변하게 된다. 따라서 기술요인 자체의 분석뿐 아니라 생태계 차원에서 포괄적인 시각이 견지돼야 한다. 당연히 최근의 변화는 과거에 경험하지 못했던 질적인 차원의 변화이므로 기존의 대응방식은 적합하지 않다. 더욱이 최근 20~30여 년에 걸쳐 세계화의 바람을 타고 금융시장의 통합이 진전되면서 글로벌 차원의 변화가 이뤄지는 상황이다. 즉 기술요인이 부각되는 발전은 단순한 경제나 금융 분야를 넘어 광범위하게 영향을 주고 있다.

핀테크의 핵심 분야인 지급결제 서비스[3]를 중심으로 최근 핀테크의 추세를 살펴보면, 우선 영국, 미국, 중국 등을 중심으로 핀테크 산업이 빠르게 성장하고 있으며 알리바바그룹(阿里巴巴)과 같은 대형 기업이 탄생하고 있다. 영국 런던 소재의 핀테크 기업은 2014년 말 기준 1,800여 개에 이르며, 미국의 월스트리트와 실리콘밸리는 압도적인 금융과 기술력을 바탕으로 전 세계 핀테크 산

3) 외환결제, 증권 및 파생상품 결제 등을 망라한 전체 금융시장(FM) 중 지급결제시장은 소액결제를 중심으로 자금 지급이 주로 발생.

업의 중심지로 떠오르고 있다. 게다가 세계 핀테크 기업 수는 2014년 초 수백 개에서 2015년 중반 수천 개로 증가했고, 이중 핀테크 1세대라고 할 수 있는 미국 스퀘어(Square)사가 기업공개(Initial Public Offering)를 추진하는 등 핀테크 1세대 기업들도 최근 부상 중이다. 핀테크 산업에 대한 투자 규모도 2013년 기준으로 전년 대비 26% 성장했다.

대표적인 핀테크 기업의 실적을 살펴보면 페이팔(PayPal)의 2013년 매출액은 66억 달러(7조1,227억 원)로 세계 온라인 쇼핑금액의 18%를 차지했다. 거대한 내수 시장과 정부의 지원을 바탕으로 알리바바그룹은 2003년부터 중국판 페이팔인 알리페이를 출시해 지난해 말 기준 8억 명이 가입했으며 2014년 6월부터는 충전해둔 여윳돈을 펀드에 투자할 수 있는 위어바오를 출시했다. 또한 2014년 7월 20일 기준으로 미국 나스닥 시장 시가총액 상위 1~6위 기업들이 모두 금융시장에 진출했다. 가트너그룹(Gartner, Inc.)은 세계 모바일 결제규모가 2011년 1,059억 달러(약 123조 원)에서 2017년에는 약 7배 성장한 7,214억 달러(약 836조 원)에 이를 것으로 예상했다. 우리나라에서도 정보통신기술(Information Communication Technology; ICT) 기업의 간편 결제 진출이 활발하다. 2014년 9월에 카카오(Kakao)의 '카카오페이', 2015년 6월에는 네이버(Naver)의 '네이버페이', 7월에는 신세계그룹의 'SSG페이' 등이 출시됐다. 이런 움직임에 발맞춰 이동통신사와 온라인쇼핑몰 · 오픈마켓(Open Market) · 홈쇼핑 · 메신저 · 게임사들도 간편 결제서비스를 시작했거나 준비 중이다. 2014년 출시된 애플페이에 대응하기 위해 삼성전자는 2015년 8월부터 삼성페이를 출시했으며 2015년 6월 말 기준 전자금융거래법에 따라 등록한 전자지불대행(PG)사는 무려 59곳에 달하고 있다.

간편 결제, 생체인식, 토큰화(Tokenization) 등 새로운 응용기술들은 하드웨어에 의존하고 있는 전통적인 방법—예를 들어 OTP 발생기, 하드웨어 보안 모듈(Hardware Security Module; HSM), 집적회로(IC)카드, 유심(USIM)—을 위축시키는 요인이지만, 반대로 플랫폼 사업자[4], 스마트폰 제조사에 대한 기술 의존도를 높이게 된다. 따라서 핀테크 기업은 한발 앞선 기술투자와 개발로 대고객 접점(Customer Interaction)을 넓힌다는 점에서 금융회사보다 경쟁우위에 설 가능성이 높다. 그러나 문제는 핀테크 스타트업의 경우 기술적 우위와 역량에도 불구하고 새로운 생태계에서 독자적인 생존이 어렵다는 점이다.

〈2016년 핀테크 분야와 국가별 벤처캐피털 핀테크 추진현황〉

회사명	분야	지역	펀딩규모	회사명	분야	지역	펀딩규모
Lu.com	대출	아시아	$1216M	Nubank	모바일뱅킹	남미	$52M
JD Finance	대출	아시아	$1010M	Aria Systems	지급결제	북미	$50M
Oscar Health Insurance Co.	보험	북미	$400M	Cadre	부동산	북미	$50M
Fenqile	대출	아시아	$235M	LendUp	대출	북미	$50M
Clover Health	보험	북미	$160M	MobiKwik	지급결제	아시아	$50M
Welab Holdings	대출	아시아	$160M	Paymax	대출	아시아	$50M
Weidai	대출	아시아	$153M	Personal Capital	자산운용	북미	$50M
Affirm	대출	북미	$100M	Payoff	대출	북미	$46.76M

Betterment	자산운용	유럽	$100M	Finanzcheck	대출	유럽	$46M
Bright Health	보험	북미	$80M	Plaid Technologies	금융데이터	북미	$44M
StoneEagle	지급결제	북미	$76M	Blend Labs	부동산	북미	$40M
Circle Internet Financial	블록체인	북미	$60M	BlueVine	대출	북미	$40M
Digital Asset Holdings	블록체인	북미	$60M	N26	모바일뱅킹	유럽	$40M
Duanrong	대출	아시아	$59M	OLO	지급결제	유럽	$40M
Blockstream	블록체인	북미	$59M	Open Lending	대출	북미	$40M

자료 : The Pulse of Fintech, Q2 2016

한편 우리나라에서는 금융개혁, 경제 활성화를 위한 핵심 정책 과제인 핀테크 육성이 본격화되면서 인터넷전문은행, 크라우드 펀딩(Crowd Funding) 등 새로운 유형의 비즈니스 시대가 열리고 있다. 이는 금융 진입로를 누구에게나 열어놓고 각자의 여건에 맞는 서비스를 제공한다는 점에서 분명히 긍정적이고 큰 발전이다. 이러한 발전이 가능해진 배경은 금융이 기술을 도구로 활용했던 과거(80년대) 정보화 패러다임과는 다르게 정보통신기술(ICT)이 금융 영역으로 진입한 것이다. 또한 정부의 핀테크 산업 활성화 정책이 꾸준히 지속되고 있어 향후에도 핀테크 현상은 지속될 전망이다.

그러나 핀테크의 육성은 과거와는 차원이 다른 인프라와 무형의

4) 플랫폼은 다른 경제 주체의 다양한 활동을 가능케 해주는 기반 기술이나 프레임워크(Framework)를 의미하며, 대표적으로 MS 윈도우즈(Windows), 애플과 구글 등의 iOS, 안드로이드는 하드웨어와 응용프로그램을 구동시키는 소프트웨어 플랫폼이고, 카카오의 카카오톡, NHN의 라인, 애플의 아이튠스 등은 통신기술에 기반하여 제3자의 경제활동을 지원하는 비즈니스 플랫폼이라 할 수 있음.

기반을 토대로 가능하다. 따라서 가장 중요한 요소는 정부의 선도가 아니라 민간의 주도적 참여이며 이를 통해 디지털 도약(Digital Leapfrogging)과 시장 친화적인 성장 여건이 조성될 경우 현재의 주도적 참여자들의 역할이 순식간에 바뀔 수 있다. 개방 환경에서 정부주도 방식의 선도가 적합하지 않은 이유는 과거 시장에서 정부의 주도적 역할이 시장 참여자들 간의 다양한 연관관계를 위축시켰기 때문이다. 즉 일방적으로 서비스를 전달하던 전통적 시장에서 다면적 시장(Multi-Sided Market)[5]으로 발전이 가능하므로 현재의 금융회사들은 최근의 변화에 보수적, 소극적으로 대처하기보다는 신(新) 패러다임 구축의 주역으로서 적극적인 역할을 담당해야 한다.

환경변화로 생겨난 새로운 사업영역을 구체적으로 살펴보면 그동안 금융회사가 소홀히했던 틈새시장 가운데 소상공인과 중소기업에 대한 소액자금, 저신용등급 등의 롱테일(Long Tail) 등을 꼽을 수 있다. 실질적인 수요 측면에서 핀테크의 성장은 사회적 편익(Social Benefit)을 극대화할 수 있는 기회다.

소상공인들과 중소기업들은 핀테크를 통해 지급결제, 해외송금, 환위험 헤징(Hedging), 자금조달(대출 · 자본), 채권 유동화(Securitization), 온라인 투 오프라인(O2O), 해외 역직구 등 다양한 핀테크의 혜택을 향유할 수 있다. 반면 금융회사와 이동통신사, 정보통신기술(ICT) 기업 간 경쟁과 협력이 확장되면서 금융회사는 고위험 대출시장 파이를 빼앗길 수 있다. 특히, 새로 설립된 인터넷전문은행

5) 플랫폼 사업자가 가격 책정전략을 통해 제품 또는 서비스를 제공하여 상이한 다수 고객의 거래를 성사시켜주는 시장

은 모바일 또는 디지털은행으로서 전통적인 은행과 경쟁하게 될 전망이다. 참고로 2014년 3월 기준 미국 10대 인터넷전문은행의 총자산 규모는 전체 상업은행 평균의 3% 수준이었으며 일본 인터넷전문은행들은 2000년 이후 연평균 30%씩 고속 성장해왔다. 맥킨지(McKinsey)는 10년 뒤 금융회사 수익의 20~60%, 매출액의 10~40%가 핀테크의 영향으로 감소할 것으로 전망하기도 했다.

종합해 보면 고위험 대출시장뿐만 아니라 소비자금융, 중소기업 대출, 지급결제 및 자산관리 등 여러 금융영역에서 금융회사와 핀테크 기업 간 경쟁과 협력이 확산될 것으로 보인다(세계경제포럼(WEF), 2015). 그리고 초기 롱테일 분야의 소액금융, 자산관리, 실시간 거래에서 우위에 있었던 핀테크 업체들의 서비스는 점차 기업금융, 고액자산관리 등에 특화되었던 은행 고유의 영역을 점차 잠식할 것으로 예상된다.

핀테크의 주요 사업영역인 소비패턴분석, 소셜네트워크서비스(SNS) 성향분석, 비대면 정보취득, 신용평가, 로보어드바이저, 맞춤형 상품추천, 개인 대 개인(P2P) 대출서비스 등은 모두 소비자들이나 고객들의 데이터를 분석한 결과를 토대로 이루어지는 서비스이다. 결국 미래의 소비자들은 자신들의 모든 경제활동이나 사회활동을 모니터링 당하게 되면서 이를 토대로 차별화된 서비스를 제공받게 될 것이다. 카드사용내역 · 은행거래내역 · 휴대폰 소액결제내역을 바탕으로 이뤄진 개인소비 패턴분석, 페이스북 · 트위터 · 카카오톡 등 SNS 이용내역에 기초한 성향분석, 국민연금 · 홈택스 등으로부터 재직 및 소득정보를 취득해 이뤄진 비대면 정보취득, 온라인 사용으로 취득한 개인의 금융거래 및 신용정보를 바탕으로 한 신용평가, 개인소유 금융자산내역을 온라인에서 취합해 머신 러닝(machine learning) 수단을 활용한 자산관리서비스, 개인의 금융거래내역과 성향 분석자료를 빅데이터화해서 맞춤형 상품을 제시하는 서비스, 대출이 어려운 차입자와 적절한 투자처 확보에 어려움을 겪는 투자자의 이해관계를 활용한 중금리 대출시장 등 거의 모든 핀테크 관련 서비스는 우리에 관한 분석을 통해 이뤄진다. 다만 이러한 분석은 그동안 간과됐던 관계에 대한 직접적 분석과 함께 이뤄지며, 분석을 허가받은 자들이 아니라 대중의 참여로 가능해졌다는 점은 그만큼 시장이 질적으로 변화했다는 것을 뜻한다.

문제는 이처럼 대중의 참여로 '누가 어떠한 방식으로 전달하는가?' 라는 의문이 제기된다는 점이다. 즉 '다수를 신뢰할 수 있는가?' 의 문제와 '감독서비스 대상이 아닌 경우 어떻게 고객과 소비자들을 보호할 수 있는가?' 의 문제가 발생할 수 있다. 과거와는 질적으로 다른 서비스를 향유하는 점은 바람직한 발전으로 볼 수 있지만, 자신들의 행동패턴이 속속들이 분석되고 모니터링되기 때문에 프라이버시 문제가 발생할 수도 있다. 최근의 서비스들이 이러한 부분을 지나치게 단순화하거나 차별화시켜 서비스 이용에 관한 과도한 차별로 이어질 수 있다는 문제가 발생할 수 있다. 물론 정보를 많이 제공해야 좋은 서비스를 제공받는다는 점은 수긍할 수 있으나, 내 정보가 전혀 모르는 제 3자에게 전달되거나 악용될 소지가 있다는 점은 분명 거부감을 일으킬 수 있다.

개인정보활용에 동의한다는 단순한 의사표시만으로 개인이 보호되기 어려운 상황이 됐는데 여전히 거의 모든 책임은 소비자와 이용자의 몫이다. 보다 심각한 문제는 이를 책임질 주체가 모호해진다는 점이다. 결국 개인과 소비자들은 법과 규제의 틀 안에서 일정수준의 보호를 받아야 한다. 따라서 보호와 안전성 그리고 편리성이라는 상충적인 목표가 모두 달성돼야 한다는 점에 대한 사회적 공감대가 필요하다. 이와 같이 최근의 금융서비스는 전달자와 전달형태 그리고 경로마저 변모하는 본질적인 변화를 뜻하며, 결국 이러한 변화가 일어나려면 연계성과 정보를 충분히 활용하는 마케팅 전략이 요구된다. 그러므로 소비자의 입장에서는 이러한 변화를 마냥 반길 수 없는 것이 현실이다. 과거보다 더욱 종속될 위험이 커졌기 때문이다. 개인들은 이제 자신이 직접 선택하는 것이 아니라 자신의 바이오 데이터를 재구성한 분석의 틀에 기초해 선택을 강요당하는 상황에 직면하게 될 것이며 이는 자유로운 결정이라기보다 누군가 대신 결정을 해주는 구도를 의미한다. 즉 개인의 자유는 자기도 모르는 사이 철저히 박탈되는 것이다.

디지털 세상이 제대로 전개되려면

앞으로 전개될 세상이 개개인의 기본권을 침해하지 않으면서 새롭고 편리하게 변하려면 디지털 경제가 우리에게 요구하는 바를 정확히 파악해야 한다. 디지털 세상은 모든 정보의 기본 단위가 데이터로 구성되므로 데이터의 생성과 활용, 보관과 가공, 재활용 및 판매에 관한 제반 규칙이 사회구성원들의 합의하에서 조율되어야 한다. 공동의 가치창출 기반에 대하여 공감대가 형성되지 못하면 결국 가치 자체의 수용 정도나 지속 가능성이 심각한 제약에 놓이기 때문이다. 이러한 과정은 소위 플랫폼이라는 토대 위에서 가능하다. 일방적인 중앙집권적 체제하의 가치평가가 아니라 모두가 다양한 형태로 참여하는 공정한 기본 틀 위에서 가치에 대한 사회적 합의가 도출되기 때문이다. 그리고 시장토대 이외에도 가치창출의 기본 재료가 필요하다. 바로 이것이 데이터다. 데이터는 암흑시대로 변질될 수 있는 초연결 환경의 다양한 관계를 제대로 파악할 수 있게 하는 가장 기본적인 재료다. 바이트(byte)로 정의되는 모든 가치의 바탕에 존재하는 관계는 통상적인 직관이나 경험으로 파악하는데 분명한 한계가 있다.

플랫폼이라는 토대 위에서 데이터를 기반으로 이루어지는 다양한 가치에 관한 사회적 판단의 틀은 규제나 감독 차원의 가이드라인으로 이뤄지게 된다. 과거에는 받아들이기 어려웠던 가치들이 새로운 기준을 만나면 참신한 서비스로 인정받는 경우는 허다하다. 최근 인터넷전문은행인 카카오뱅크의 출현으로, 과거 은행만이 제공했던 금융서비스를 더 싼 비용으로 이용하면서 더 차별화되고 밀착된 수준으로 제공받을 수 있다는 사실을 우리는 깨닫게 됐다.

결과적으로 기술과 규제, 지배구조는 플랫폼 위에서 데이터를 기반으로 돌아가는 모든 서비스 창출 과정에 직·간접적으로 개입할 수밖에 없다. 심지어는 탈중앙화된 분산시스템에서도 다양한 사태해결을 위한 문제해결자로서의 역할은 반드시 필요하고 이를 사전에 규정하는 것은 지배구조와 관련 있다. 다양한 아이디어가 의견수렴 과정을 거쳐 정책으로 발전하기까지의 역할은 분명히 필요하며 여전히 중요하다.

다음 장부터는 초연결 환경에서의 가치창출 토대인 플랫폼에 관해 논의할 것이다. 아울러 가장 핵심적이고 기초적인 데이터 활용 현황과 문제점 그리고 앞으로의 개선방향에 대해 생각해볼 것이다. 마지막으로 이러한 역할을 수행하기 위한 전 단계로서 구조개혁의 필요성과 사후 모니터링의 중요성에 대해서도 논의한다. 그리고 일련의 이슈에 대한 개인적인 의견과 함께 시사점에 대해 논의를 진행하고자 한다.

2장
플랫폼과 네트워크 효과

플랫폼은 촘촘히 연결된 세상을 이해하는 하나의 무대이자 기반이며 기초이다. 허블망원경으로 광대한 우주를 관찰하듯이 MRI로 보이지 않는 신경다발을 헤집어내듯이 우리는 플랫폼 위에서 일어나는 다양한 연관을 통해 복잡해진 세상에 필요한 서비스와 물건을 만들어 내는 것이다. 소위 나와 주변과 세상이 얽혀지게 되면서 장막에 가리워졌던 연결고리는 이제 모든 가치창출의 가장 근본으로 자리 잡기 시작했다. 연결에 대한 올바른 이해는 다음 단계의 가치창출에 필요한 이해로 연결되고 진화의 혜택을 약속한다. 그러나 복잡해진 연관을 이해하지 못하면 아무리 노력해도 좋은 결과를 기대하기 어렵다. 바로 연관을 연관으로 이해하려는 시도가 자연스럽게 구현되는 기반이 플랫폼이다.

물론 연결이 구체화된 게 '네트워크'지만 이것이 자생적으로 이루어지는 것은 아니다. 따라서 네트워크를 구축할 기반을 찾아야 하는데 이 기반이 바로 작금에 모든 가치창출 기반으로 각광을 받기 시작한 디지털 플랫폼이다. 소위 참여형 연결을 촉진하고 가능하게 하는 기반이 플랫폼이고 이는 과거 우리나라의 장터와 같은 개념으로 이해될 수 있다. 과거 시골 장터에서는 단순히 물건을 파는 것만이 아니고 물건을 사기도 하고 직접 만들고 참여하는 다양한 활동을 엿볼 수 있었다. 또는 전국 어디에나 갈 수 있는 서울역이나 인천공항의 역할에서도 플랫폼의 기능을 확인할 수 있다. 연결의 핵심중추가 바로 플랫폼인 것이다. 세상이 가상공간, 증강현실과 같이 과거와는 차원이 다르게 확장되면서 연결이 보다 촘촘해지고 다양해지고 있기 때문에 이런 연결을 촉진하고 만들어가는 토대는 더욱 중요해질 수밖에 없다. 따라서 플랫폼은 디지털 경제의 핵심기반이다. 플랫폼이라는 단어가 각광을 받게 된 이유는 연결된 시장에서의 기본적인 가치창출이 과거와 같이 개별적 차원에서는 불가능해졌기 때문이다. 소비자와 생산자의 구분도 명확해지기 어려운 초연결환경에서 경제적 활동의 핵심은 누가 얼마나 더 연결되어 있는가에 달려있다. 모든 요소들이 자유롭게 연관되면서 새로운 가치로 전환되는 과정을 현실화시키려면 일정의 마당이나 장이 절대적으로 필요한데 이러한 역할이 구현되는 토대가 바로 플랫폼인 것이다. 물론 다양한 플랫폼 간의 경쟁도 치열하다. 알리바바, 바이두에서부터 아마존에 이르는 거대 플랫폼들은 전자상거래(e-commerce)의 확실한 기반으로 자리 잡았다. 연결이 모든 경제활동의 근간으로 부각되기 시작하면서 연결을 최대한 잘 만들어주는 시장이 중요시되고 있다. 이것이 바로 플랫폼의 존재 이유며, 플랫폼 제공자들은 이러한 연결의 생성과 유지, 관리를 위해 플랫폼 운영자로서의 역할을 수행하면서 가치를 창출하고 있다. 생산자와 소비자 그리고 플랫폼 운영자들이 다양하게 얽힌 세상인 것이다.

그렇다면 플랫폼 간의 경쟁은 어떤 식으로 전개되는가? 플랫폼 평가의 기준은 무엇인가? 이러한 질문에 대한 대답은 가치창출을 위해 어떤 플랫폼을 활용하는가에 달려있다. 딥 러닝(deep learning)의 목적을 위한 플랫폼이나 전자상거래를 위한 플랫폼과 같이 다양한 목적과 용도로 플랫폼이 구축되고 활용되기 때문이다. 평가 기준도 다양하게 제시될 수 있으므로 결국은 플랫폼에 참여하는 구성원들의 평가와 플랫폼 운영자의 효율성이 핵심 요소라고 볼 수 있다. 플랫폼에서 상거래를 수행하는 참여자들의 다양성과 숫자, 연관 트래픽이 가장 일반적으로 활용되는 기준인데, 실제 상장 플랫폼의 경우 가치 평가는 다양한 요소를 고려해 자연스럽게 시장에서 이루어지게 된다. 가장 많은 가입자나 사용자를 끌어들인 플랫폼의 시장가치가 반드시 가장 높은 것은 아니다.

〈유사업종 플랫폼 기업들의 시장가치 비교〉

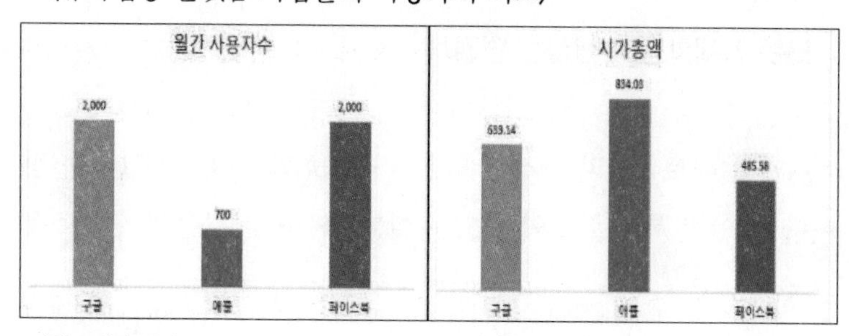

단위 : 백만 달러　　단위 : 십억 달러

문제점은 알리바바와 바이두에 이르는 플랫폼의 빠른 성장에서 우려되는 소비자 보호 이슈다. 특히 국경 간 플랫폼의 경우 소비자보호 이슈는 상당히 어려운 과제다. 소위 상호운용성(interoperability)[6] 측면에서 지금의 세상은 과도할 정도로 분열돼 있고, 이를 조율할 주체도 찾아보기 어렵다. 여전히 국가적 아젠다 위주로 주요 결정이 이뤄진데 따라 정작 디지털경제 구현에 필요한 가이드라인조차 국가 간 협의 부족으로 이루어지지 못하고 있는 실정이다. 통합된 세상에서 자연스럽게 등장할 디지털 네트워크가 각국의 상이한 규제와 규율로 인해 제대로 형성되지 못하고 있는 것이다. 즉 네트워크 효과를 극대화하기 위해 사용자 중심 태도를 지향하는 발전이 필요하지만 국가적 관할구역의 문제와 규제 차이 등으로 인해 이러한 변화가 더디게 진행되고 있다. 네트워크의 발전과 성숙은 구성원들의 합의와 신뢰를 바탕으로 구축돼야 하는데, 이와 연관된 각종 법과 규제의 틀이 국가마다 상이하기 때문에 이를 조율하는 과정이 생긴다면 그 과정에 따라 네트워크의 발전 가능성이 어느 정도인지 결정될 수 있다.

모든 경제활동의 핵심은 연결

디지털 네트워크의 특징은 연결을 촘촘하게 만들 수 있다는 점이다. 이러한 특성을 감안하면, 부실이 양산되는 부문의 구조조정

6) 상호운용성(Interoperability)이란 하나의 시스템이 동일 또는 다른 기종의 시스템과 아무런 제약이 없이 서로 호환되어 사용할 수 있는 성질을 말함.

방식도 과거와 같은 썩은 부분 잘라내기가 아니라 보다 촘촘한 네트워크 구축을 염두에 두고 이뤄져야 한다는 결론이 나온다. 즉 과거의 구조조정이 '자르기' 였다면 미래의 구조조정은 '재연결 작업' 이 될 것이다. 과거의 구조조정 형태는 경제활동 재진입을 어렵게 하는 한계가 있으며, 사회적 부담요인을 급증시킬 수도 있다. 그러나 지금은 이미 초연결 사회로, 다양한 온 · 오프(on/off) 연결을 기반으로 경제활동이 가능하다. 따라서 앞으로 새로운 연결이 가능하도록 해외 전문인력을 활용한 교육이나 훈련 등을 포함한 국가적 차원의 지원 서비스 준비가 시급한 실정이다.

한국식 표현으로 장터라고 칭할 수 있는 플랫폼에서의 가치창출 능력은 폭발적이다. 기존에 이루어지던 소수의 허가받은 영역에서의 연관이 아닌, 큰 장터로서의 시장에서 아무런 제약 없는 연관 작용이 다양하게 이뤄지기 때문이다.

그렇다면 연관이 만드는 가치창출의 파괴력은 수학적으로 어떻게 정의될까? 네트워크 이론에서 노드(node) 하나의 추가는 n개의 추가적인 연결을 형성한다. 연결이 촘촘할수록 가치창출 여력은 기하급수적으로 증가한다. 즉 연결의 질적 수준, 구성, 특성에 따라 가치창출 여력이 결정되는 것이다. 이를 잘 설명한 것이 이더넷(Ethernet) 개발자인 멧칼프(Metcalfe)의 법칙이다. 그는 네트워크상의 노드 수를 n이라고 할 때 네트워크의 연결의 수가 n의 제곱에 비례함을 설명했다[7]. 즉 망의 가치는 대체로 사용자 수의 제곱에 비례한다는 법칙을 이야기했다. 이는 주로 커뮤니케이션이

7) 마두레이라 등(Madureira, et al., 2013)은 소규모 네트워크에서는 n^2, 그리고 n의 수가 커지는 대규모 네트워크의 경우에는 n×log n의 가치를 따름을 실증 데이터를 통해 입증했음.

나 통신이론에서 주로 쓰였지만, 거래의 장을 마련하고 이용자 간의 상호작용을 유도하는 플랫폼 경제 모델 또한 효과적으로 설명할 수 있는 법칙이다(마두레이라 등(Madureira, et al., 2013)), 장, 류, 수(Zhang, Liu, and Xu, 2015)). 따라서 플랫폼 경제에서도 참여자 수를 임의의 수 n이라고 할 때, 노드 간 연결의 수는 멧칼프(Metcalfe)의 법칙에 따라 n^2로 정의할 수 있다. 장, 류, 수(Zhang, Liu, and Xu, 2015)도 중국의 텐센트(Tencent)와 페이스북(Facebook) 데이터를 활용하여 네트워크의 가치가 멧칼프(Metcalfe)의 법칙에 부합한다고 증명했다.

실제로 비트코인에 잔고가 0이 아닌 이용자의 주소를 활성화된 주소(active address)로 정의하고 이들의 하루당(per day) 거래 회수를 구하여 비트코인의 시가총액(market capitalization)과 대조해본 결과, 이들이 높은 상관계수를 보이고 있음을 알 수 있었다.

〈멧칼프(Metcalfe)의 법칙〉

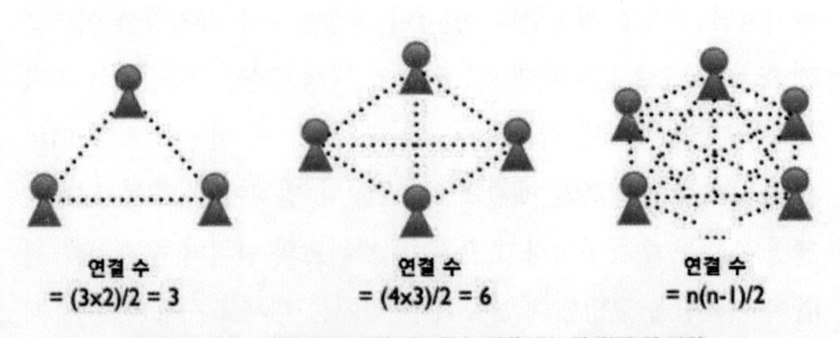

자료 : organic Media Lab, 2015

〈비트코인의 멧칼프(Metcalfe) 법칙〉

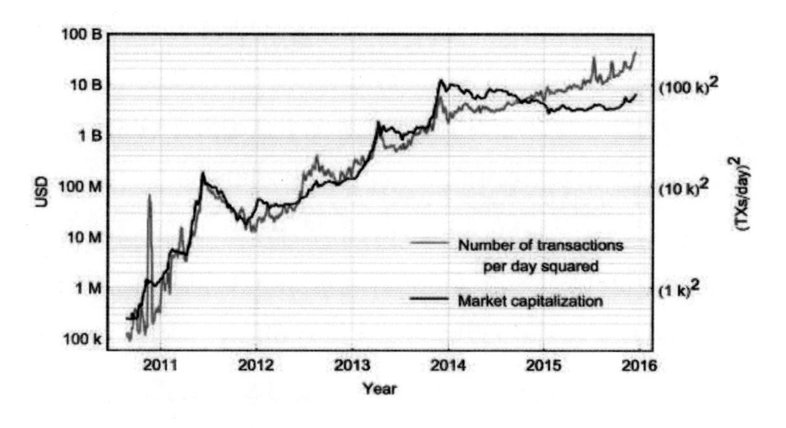

자료 : www.reddit.com/r/bitcoin

연결은 구체적으로 데이터의 생성과 흐름으로 이뤄진다. 다만 이러한 설명의 한계는 플랫폼 경제가 완전히 오픈된 형식을 취하는 것이 아닌, 플랫폼 간 닫힌 형식으로 구현되거나 이용자의 상호 연결이 단절돼 호환이 불가능한 경우에는 의미를 갖기 힘들다는 점이다. 이를테면 비트코인은 가입 조건이 없고 컴퓨터를 소유한 사람은 누구나 참여할 수 있지만, 우리나라의 간편 송금 플랫폼의 네트워크는 이종 기기나 이종 애플리케이션 간의 거래가 사실상 제한적 형태로 일어난다. 즉 멧칼프(Metcalfe)의 법칙에 따른 연결 증대효과의 사회적 효용을 충분히 발현하기 힘든 구조라고 할 수 있다. 따라서 단순 노드의 증가뿐만 아니라 노드 간의 연결이 무한히 가능하도록 개방성(openness)에 대한 제도적 차원의 지원과 기술 개발이 중요하다. 특히 우리나라와 같이 소수의 글로벌 기업 위주로 성장한 패러다임의 경우에는 초기 시장 지위의 차이로 인해 개방 자체가 또 다른 형태의 종속을 의미할 위험도 내포한다. 즉 단순한 모방만으로는 새로운 가치창출의 효과를 기대하기 어려움을 시사한다.

우리 사회는 정부산하기구의 생태계 주도와 폐쇄적 안정이 우선시되면서, 데이터를 생산하는 능력에 비해 데이터의 흐름이 편중되거나 정체되는 경향이 있다. 앞으로 우리는 보다 개방적인 글로벌 차원의 데이터 흐름을 유도하기 위한 전략적 노력이 시급하다. 이를 위해서는 연결이 다각도로 원활하게 이뤄질 수 있는 여건 조성이 필요하다. 다면적 시장을 키우는 플랫폼 구축은 이를 위한 구체적 노력이다. 그리고 플랫폼 기반 위에서 참여자들 간의 개방과 협업에 대한 인센티브가 강화돼야 한다. 또한 이를 바탕으로 정부부문의 효율성과 맞물리는 민간의 역할과 기능도 함께 제고돼야 할 것이다.

〈폐쇄형 네트워크 vs. 개방형 네트워크〉

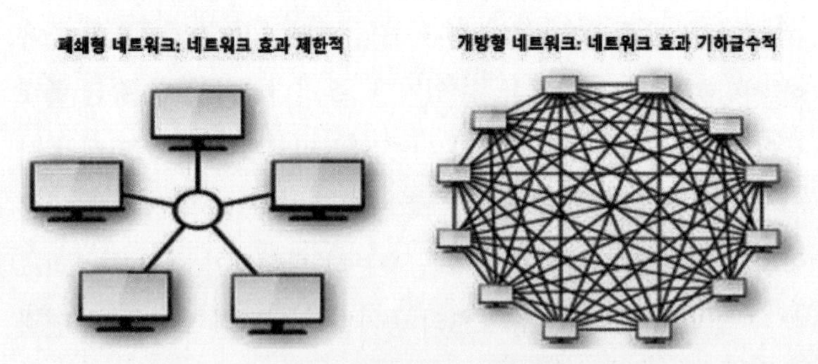

자료 : www.videoroaming.com/img/tc63video_network_effects.png

앞으로 더욱 확대될 사물인터넷(IoT)의 네트워크 효과(network

effect) 극대화를 위해서도 전체적인 분산 제고를 통한 시스템의 확장성(scalability)을 제고해야 한다. 이를 위해 상호운용성을 위한 응용프로그램 인터페이스(Application Programming Interface; API)[8]의 기준과 구조개선 및 공개수준을 설정해야 한다.

또한 데이터의 생성과 활용에 관한 사회구성원의 공감대 형성도 중요하다. 데이터에 대한 필요성은 점점 증대되지만 이와 함께 개인의 프라이버시와 보안문제도 제기되기 때문이다. 그러나 이를 해결하는 데 있어 부처별 칸막이, 사일로식의 중복규제와 징벌적 페널티 부과를 위한 기반결여 등의 장애요인이 있다.

재연결작업의 핵심은 동등한 토대(장터 또는 플랫폼)위에서의 자발적 연결유도다.

플랫폼 경제

4차 산업혁명은 플랫폼을 중심으로 영향력을 확대할 것으로 전망된다. 사물인터넷(IoT), 빅데이터, 인공지능(AI), 3D프린팅, 가상현실, 신소재 같은 신기술과 패러다임이 다양한 방식으로 융합한 다양한 플랫폼이 출현하고 있다. 그리고 이는 기술력을 갖춘 신흥국에 새로운 성장의 기회가 되고 있다. 반면, 새로운 산업 생태계가 훨씬 빈번하게 탄생하면서 각각의 생태계들은 생존을 위해 지금보다 훨씬 심한 경쟁에 직면할 것이며 산업구조도 수평적

8) 응용프로그램 인터페이스(Application Programming Interface; API)는 운영체제와 응용프로그램 사이의 통신에 사용되는 언어나 메시지 형식을 말함.

분화 형태로 변화하게 될 것이다. 기존의 가치사슬 (Value Chain) 비즈니스 모델은 한 방향으로 가치창출이 이루어진 데 비해, 플랫폼을 기반으로 한 비즈니스 모델의 경우 양방향으로 지속적인 가치창출이 가능하다.

〈기존의 가치사슬 비즈니스 모델과 플랫폼 기반 비즈니스 모델 비교〉

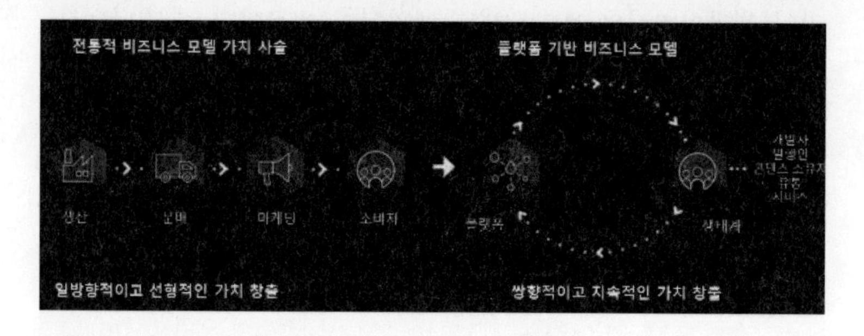

자료 : 액센츄어(Accenture), 2016.

독일과 같은 나라는 이미 다양한 산업 플랫폼 조성을 통한 제조업 중흥에서 선두로 나아가고 있으며 구글, SAP, 제너럴 일렉트릭(GE), IBM, 아마존 등 글로벌 기업도 빅데이터, 인공지능, 사물인터넷 등을 활용한 산업 플랫폼을 적극 육성하고 있다.

액센츄어(Accenture)는 2015년 글로벌 디지털 경제는 전 세계 경제의 22%를 차지하였으며, 2020년 25%로 증가할 것으로 예상했다. 또 2020년 빅데이터의 규모는 44 제타바이트(zettabytes)로 증가할 것으로 예상했으며, 2014~2019년 전 세계 빅데이터 기술 서비스 시장의 연평균 성장률은 23%를 기록할 것으로 예상했다. 인터내셔널 데이터 코퍼레이션(International Data Corporation;

IDC)의 예상수치에 따르면 사물인터넷 기기 시장은 현재 110억 달러에서 2025년 800억 달러로 성장할 것으로 예상된다.

〈최고의 글로벌 브랜드 중 플랫폼(Platform) 기업〉

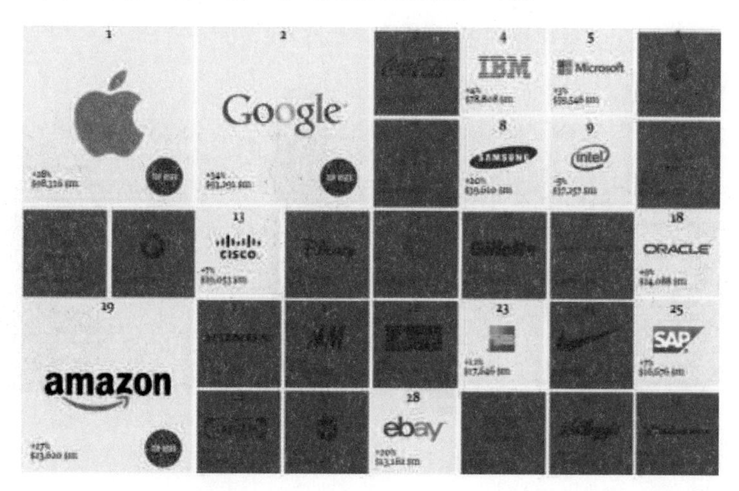

자료 : MIT Sloan, 2013.

상위 15개의 플랫폼 기업의 시가총액은 2조 6천억 달러를 기록했으며, 5천억 달러 이상의 가치를 지닌 '유니콘(unicorns)' 기업의 수는 140여 개에 달한다. 이러한 플랫폼 전략은 IT 기업뿐만 아니라 다양한 기업에서 활용하고 있는데, 피아트(Fiat)의 커넥티드 카(connected car), 카이저 퍼머넌트(Kaiser Permanente)의 디지털 헬스(digital health), 디즈니(Disney)의 매직밴드(MagicBands), 캐터필러(Caterpillar)의 커넥티드 머신(connected machines), 슈나이더 일렉트릭(Schneider Electric)의 스마트 시티 · 빌딩 · 홈, 월그린(Walgreens)의 소매 약국, 골드만삭스(Goldman Sachs)의 고객 분석, 뉴욕멜론

은행(Bank of New York Mellon)의 금융서비스, 맥코믹 · 비반다(McCormick/Vivanda)의 플레이버프린트(FlavorPrint), 호튼 미플린 하코트(Houghton Mifflin Harcourt)의 교육 등이 그것이다.

〈인터넷 vs. 플랫폼 기업의 시가총액 가치〉

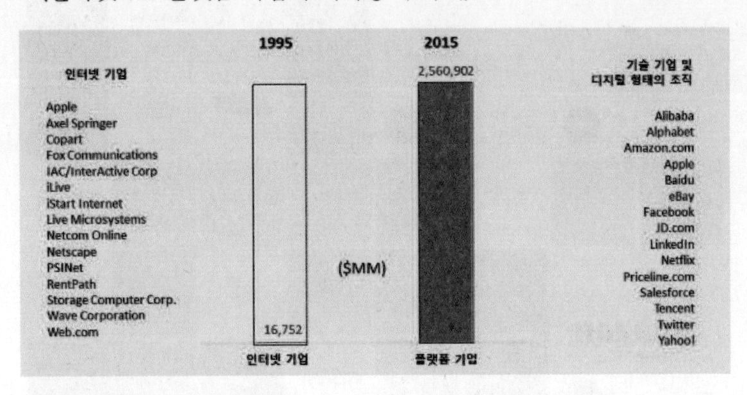

자료 : 액센츄어(Accenture), 2016.

기존의 경쟁은 공급자 측 자원을 기반으로 실행되었으나 플랫폼 경쟁은 생태계와 연계된 데이터를 기반으로 이뤄지고 있다. 따라서 협업은 플랫폼 경쟁에서 성공하기 위한 주요 요소다. 예를 들어 포드(Ford)와 같은 기업들은 애플이 구축한 생태계에 참여함으로써 경쟁력을 더욱 확대할 수 있었다.

플랫폼은 사용자가 스스로 개발하고 가치를 소비할 수 있는 공간을 제공한다. 플랫폼 모델을 기반으로 한 에어비앤비(AirBnB)의 경우 사용자가 숙박 예약뿐 아니라 숙박 제공도 하는 방식으로 운영되고 있다. 이와 같이 플랫폼 경제에서의 사용자는 생산자와 소비자 역할을 모두 담당한다. 반면 항공권 및 호텔 예약 서비스를 제공하는 카약(Kayak)은 기존 산업모델인 파이프 모형(Pipe Model)[9] 방식으로 운영되고 있으며, 소비자가 원하는 항공권 또는 호텔을 검색하고 예약할 수 있도록 도와주고 있다.

〈기존 산업모델과 플랫폼 모델〉

기존 산업모델(value chain, linear, pipe model)	플랫폼 모델(platform model)
TV 채널	유투브(YouTube)
대영 백과 사전(Encyclopaedia Britannica)	위키피디아(Wikipedia)
학교 및 학원 수업	Udemy, Skillshare
Kayak.com	AirBnB

선두 플랫폼 기업들

아마존(Amazon)은 컨텐츠로 소비자를 관리하고 물류로 커머스 수익을 극대화시키며, 데이터로 모든 비지니스를 처리하고 있다. 서적, 가전, 생활용품, 전자책, 디지털 컨텐츠, 앱스토어뿐 아니라 크라우드 서비스까지 거의 모든 분야를 취급하며, 사용자가 아마존에서 한 쇼핑 기록을 분석해 개인별 구매 성향을 정확히 파악하고 활용한다. 개인화가 가능한 아마존의 인공지능 플랫폼을 활용하면 상품 판매자들은 개인별로 최적화된 상품을 광고해 주문을 유도하거나 주기적으로 소비하는 소모품에 대해 사용자가 필요한 순간을 파악해 적시에 배송해주는 서비스가 가능한 것이다.

---

9) 파이프 모형(Pipe Model) 방식은 가치의 흐름이 생산자에서 소비자로 일직선 형태로 발생하는 것을 의미함.

이러한 아마존의 대표 서비스는 아마존 프라임(Amazon prime)과 원 클릭 서비스(one click service)다. 이를 위해 아마존은 전자상거래와 물류를 통해 얻은 많은 데이터들을 모두 서버(AWS)에 저장한다. 또한 아마존닷컴은 아마존 S3(단순 저장 서비스, Simple Storage Service)를 통해 개발자가 언제 어디서나 원하는 양의 데이터를 저장하고 조회할 수 있도록 했으며, EC2(일래스틱 컴퓨트 클라우드, Elastic Compute Cloud)를 개발해 개발자가 직접 아마존닷컴 데이터 센터의 CPU 처리 능력을 이용할 수 있도록 했다. 아마존 스토어의 고객 접점은 인공지능(Alexa)으로 대체 중이며, 이를 바탕으로 아마존은 스마트홈 허브로서의 입지를 다지고, 결국 사물인터넷(IoT) 시대의 브레인이 되고자 한다.

〈아마존(Amazon)의 플랫폼 전략〉

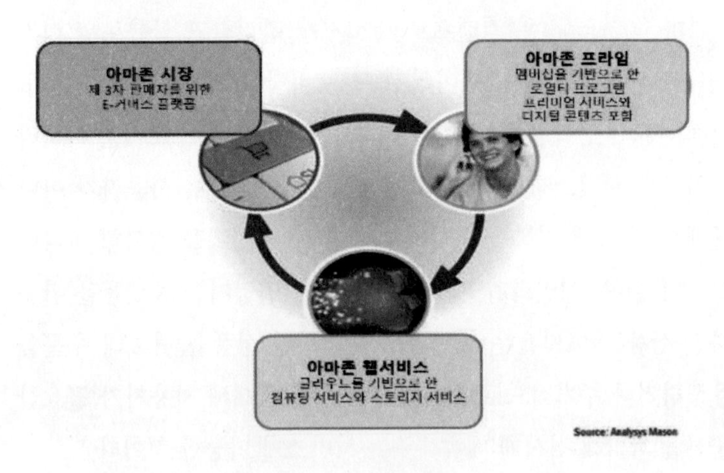

구글(Google)은 모든 사용자에게 다양한 방법(모바일, 웹, 안드로이

드)을 통해 구글 서비스를 무료로 제공하고 있다. 구글 플랫폼은 완전히 개방돼 있어 초기 고객확보에 유리하지만, 사용자에 따라 분절화(fragmentation)돼 있으며 그에 따른 경쟁심화로 수익성이 낮다는 단점이 있다.

반면, 애플(Apple)은 자원이 활발하게 활동할 수 있는 생태계를 조성했으며, 이를 통해 많은 가치창출을 할 수 있었다. 애플은 2008년 380,000명의 개발자가 앱 개발 및 배포를 할 수 있는 생태계 iOS 앱스토어(App Store)를 조성했다. 이후 150만 개의 앱이 개발됐으며, 천억 번 이상 다운로드 되는 등 iOS를 통한 앱 개발 및 배포가 활성화됐다.

〈애플(Apple) 아이팟(iPod) 비즈니스 모델의 플랫폼화〉

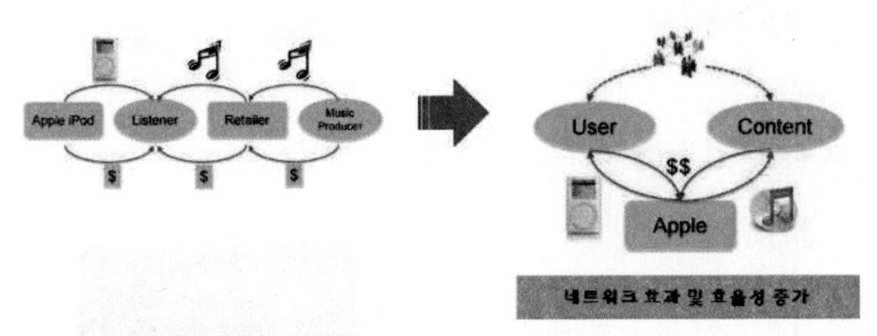

자료 : 파커와 앨스틴(Parker and Alstyne),
"플래폼 전략과 오픈 비즈니스 모델(Platform Strategy & Open Business Models)".

제너럴 일렉트릭(GE)은 2011년, 기계에 디지털 센서(digital sensors) 기능을 추가했으며, 이를 클라우드 기반의 소프트웨어 플랫폼(cloud-based software platform)을 통해 연결했다. 이러한 디지털화로 인해 2013년 GE의 수익은 8억 달러 이상 증가할 수 있었으며, 당시 기준으로 2014~2015년에는 최소 10억 달러의 수익증가가 있을 것으로 예상했다. 또한 GE는 데이터 분석을 통해 의사결정 보조 서비스를 제공하는 등 제4차 산업혁명 기술을 비즈니스 모델에 도입해 새로운 서비스 모델을 구축하고 있다.

〈제너럴 일렉트릭(GE)의 산업 인터넷 제트 엔진(industrial internet jet engines)〉

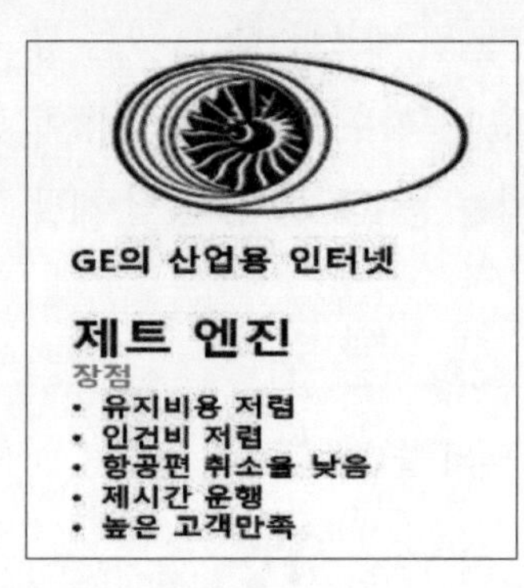

자료 : 하버드 비즈니스 리뷰(Harvard Business Review), 2014.

〈제너럴 일렉트릭(GE)의 서비스 모델의 변천사〉

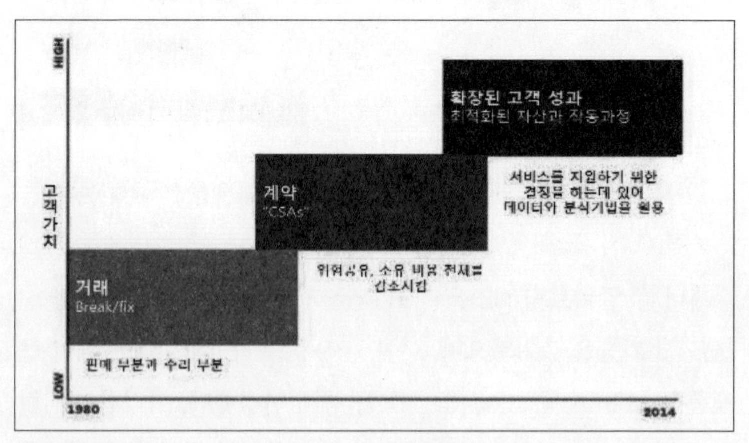

자료 : 하버드 비즈니스 리뷰(Harvard Business Review), 2014.

에어비앤비(Airbnb)는 메리어트(Marriott), 힐튼(Hilton)과 같은 기존 호텔체인의 선형 비즈니스 모델(Linear business model)과는 다르게 플랫폼 비즈니스 모델(Platform business model)을 기반으로 설립됐다. 사용자(여행객)와 서비스제공자(집주인)의 참여가 활성화될 수 있는 플랫폼을 제공한 것이다. 그에 따라 에어비앤비는 한계비용(marginal cost)이 없기 때문에 확장성(scalability)이 매우 높다. 즉 사이트에 추가될 수 있는 숙소가 무수히 많다는 장점이 있다.

〈에어비앤비(Airbnb) 사업구조〉

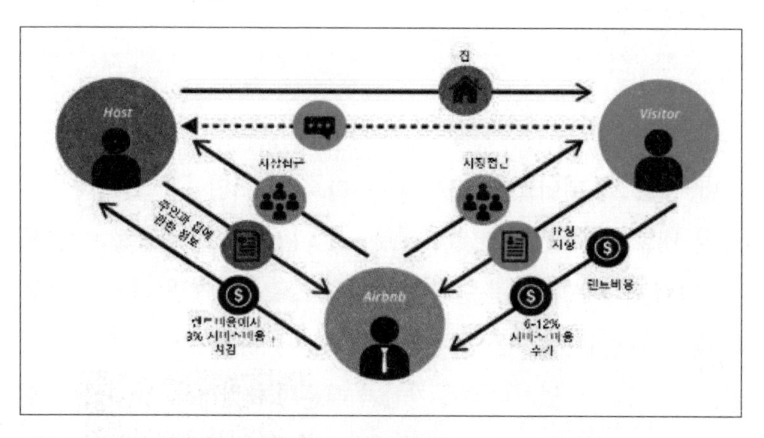

자료 : 비즈니스 모델 툴박스(Business Model Toolbox)

우버(Uber) 또한 에어비앤비와 비슷한 사업 구조로 인해 네트워크 효과를 톡톡히 누리고 있다.

〈우버(Uber) 모델의 네트워크 효과〉

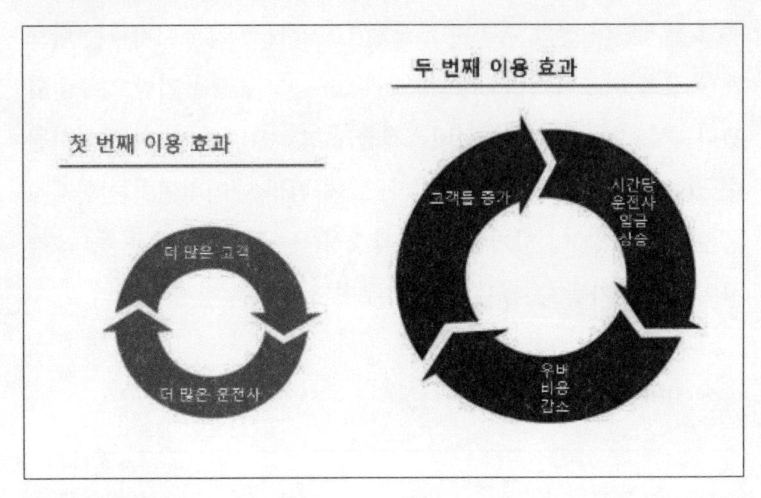

자료 : 우버(uber)

마지막으로 페이스북(facebook)은 가족 및 지인들을 연결해주는 소셜 네트워킹 서비스(Social Networking Service)를 제공하는 업체로, 사람과 비즈니스 간 연결을 강화함으로써 마케팅 비용을 낮추는데 기여하고 혁신을 촉진시키고 있다. 마찬가지로 한계비용(marginal cost)이 없거나 0에 가깝기 때문에 확장성(scalability)이 매우 높으며, 이러한 특성 때문에 페이스북은 사용자와 다양한 브랜드 및 서비스를 추가적인 비용 없이 연결할 수 있다. 2014년 페이스북이 전 세계 경제에 미친 영향은 2,270억 달러에 달하며, 마케팅 효과의 가치는 1,480억 달러, 플랫폼 효과의 가치는 290억 달러, 연결 효과의 가치는 500억 달러로 추정된다.

〈페이스북(facebook)의 영향력〉

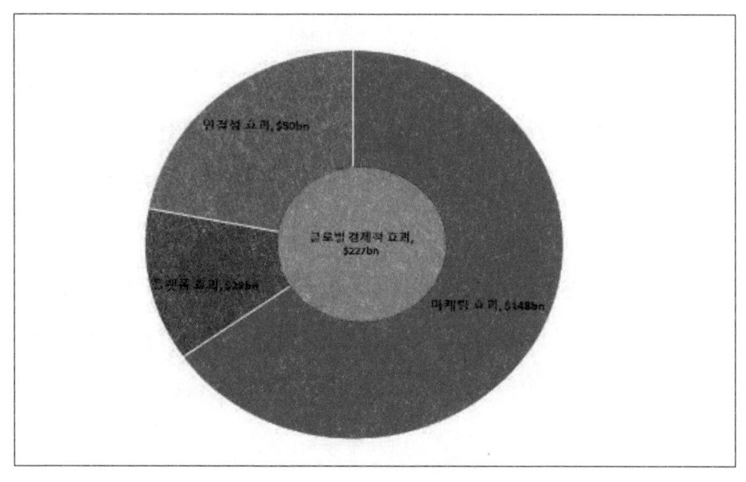

자료 : 딜로이트(Deloitte), 2015.

금융서비스 산업의 플랫폼화

광범위한 분야에서 관찰되고 있는 현재의 변화는 핀테크 혁명의 실체에 관한 의문을 제기하게 한다. 과연 이러한 변화를 기술요인으로 볼 것인지 아니면 추세적인 변화의 일부로서 볼 것인지에 대한 이해가 필요함을 시사하고 있다. 본 연구에서는 핀테크 혁명을 금융 분야의 서비스 생성과 전달체계가 과거의 개별회사 단위에서 플랫폼 단위로 확대된 것에 주목한다. 즉 지금의 변화는 플랫폼의 변화로, 금융서비스도 더 이상 개별회사의 '한 지붕 전략'이 아니라 다양한 참여자들과의 협업을 통해 다면적 시장의 특징을 보유하는 방향으로 변해야 한다는 점을 말해준다. 변화의 초석이 달라졌다는 사실을 인식한다면 개인들의 프라이버시와 금융안정성을 지키기 위한 노력도 본질적으로 달라져야 한다. 단순히 과거 방식의 개별 규제로는 어떠한 목적도 달성하기 힘들다. 그렇다고 모든 것이 얽혀 있는 융합의 토대로서 플랫폼에 대한 규제는 더욱 어렵다. 사회구성원 모두가 참여하는 공감대 형성이 중요해진 이유다.

우선 현재 관찰되고 있는 핀테크는 개별적으로 부각되고 있는 기술요인에 앞선 패러다임의 변화로 해석이 가능하다. 즉 단순히 새로운 기술이 출현해 금융권에 적용되는 것이 아니라 보다 근본적인 규제환경의 변화, 기존 주도계층의 유효성 저하 및 자본주의 체제의 한계 등으로 시장불신이 높아진 것도 배경으로 작용하고 있다. 따라서 핀테크를 좁은 의미에서의 기술발전으로 해석할 경우 변화의 진정한 의미를 파악하기 힘들다. 큰 그림에서의 공감대가 형성되지 못한다면 플러그 앤 플레이(Plug and play)[10]라는 최적의 연관을 찾기 어려운 것이다.

이미 전 세계는 2008년도의 글로벌 금융위기 이후 각국 중앙은행의 대응과정에서 기존의 금융안정 토대가 자체적으로 와해된 것을 경험한 바 있다. 중앙은행들이 신뢰 측면에서 도저히 상상하기 어려운 양적완화를 시행하면서 정책의 틀도 상황에 이끌려 다니는 내생화가 진전돼 더 이상 정책효과를 기대하기도 어려워졌다. 무엇보다도 모순적인 대마불사와 도덕적 해이의 원칙을 강화시키는 상황 또한 이를 유발하는 정치적 결정으로 인해 금융에 대

10) 플러그 앤 플레이(Plug and play)는 꽂으면 실행된다는 뜻으로, 컴퓨터 실행 중에 주변 장치를 부착해도 별다른 설정 없이 작동함을 의미함.

한 신뢰가 훼손된 것이 현실이다. 이러한 배경 하에서 가시화된 핀테크 움직임은 결국 기존의 금융 산업, 즉 공적 신뢰를 바탕으로 서비스가 제공되는 소위 신뢰산업의 기본적 토대에 대한 심각한 시장 불신이 반영됐다는 뜻으로도 해석 가능하다. 금융 분야의 새로운 플랫폼 출현은, 기존 체제에 대한 불신이 일부 반영된 움직임인 셈이다. 이러한 판단의 근거로는 최근 핀테크 혁명의 가장 핵심적인 블록체인 기술이 분산시스템의 공개장부(distributed ledger)라는 혁명적 사고방식에 의존하고 있음을 들 수 있다. 이밖에 개인 대 개인(P2P) 크라우드 펀딩 등 고객과 서비스 제공자 간의 보다 직접적인 연관이 가능해진 점은 기존 중개 역할을 담당하던 금융기관의 역할을 뛰어넘게 된다. 즉 기존 신뢰 기반의 중개 기능에 의존하지 않는 금융서비스의 제공에 사회구성원들이 열광하게 된 것이다. 단순히 기술전달 차원이 아니라 사회적 맥락에서 볼 때도 현재의 핀테크는 금융 분야에서 가시화되고 있는 플랫폼(platform)의 변화를 의미한다.

한편 개별적인 기술요인으로 핀테크를 해석할 경우 기존의 틀을 유지하고 규제완화를 통한 해법에 치중하게 된다. 반면 플랫폼의 변화로 해석할 경우 패러다임 전환 차원의 준비를 가능케 하므로 보다 장기적인 관점에서 큰 경제적 효과를 기대할 수 있다. 소위 플랫폼을 통해 이루어지는 연관을 통해 네트워크 효과(network effect)[11]를 기대할 수 있기 때문이다. 한 개인에게 가능한 혜택이 참여자나 가입자가 늘어날수록 기하급수적으로 늘어나기 때문이다.

11) 네트워크 효과(network effect)란 어떤 사람의 수요가 다른 사람의 수요에 의해 영향을 받는 현상을 의미함. 즉 수요가 독립적이지 않고 다른 사람의 소비와 연관되어 있다는 뜻으로 다양한 연관이 가능한 네트워크 기반 위에서 생성되는 폭발적인 부수 효과를 지칭함.

〈유니콘 기업들 대부분이 플랫폼 기업〉

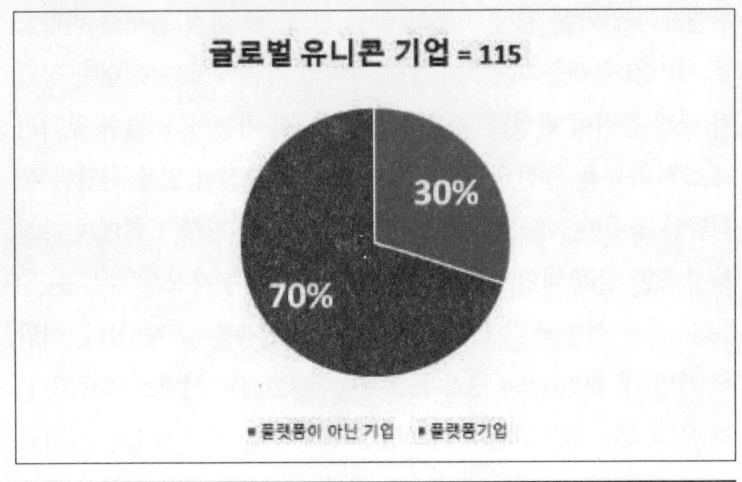

플랫폼	회사수	가치(10억달러)
O	80	299
X	35	127
총 회사수	115	426

자료 : P.Evans, CGE; CB Insights, Capital IQ, CrunchBase, 2015.

예를 들어 웨이즈(Waze)라는 구글 생태계의 네비게이션 앱에서는 주행자들이 경험하는 실제 교통상황에 관한 실시간 정보를 공유할 수 있게 함으로써 전통적인 위치정보보다 우월한 실시간 교통 및 사고, 스피드 감시 상황 등을 수시로 주고받을 수 있다. 이처럼 참여를 이끌어 들일 수 있는 애플리케이션이야말로 플랫폼의 네트워크 효과를 증대시킬 수 있는 효과적인 수단이다. 금융 분야에서도 고객들은 다양한 기회를 직접 비교할 수 있어 보다 효과적인 선택이 가능해지고, 감독 차원에서도 다양한 서비스의 생성과 전달과정을 감독서비스와 실시간으로 연계하면서 불완전판매 여부를 모니터링할 수 있다. 소위 레그테크(RegTech)[12], 인슈어테크(InsurTech)[13]가 이러한 발전추세를 반영하고 있다. 다만 이와 같은 일련의 발전에 있어 샤피로와 베리언(Shapiro & Varian, 1998)의 디지털화(Digitization)야말로 정보의 효율적 활용을 가능케 하는 획기적인 발전임에 틀림없다.

물론 최근의 변화를 가능케 했던 가장 기본적인 디지털정보의 경제적 특징은 비경합적 그리고 제로에 가까운 한계비용이다. 이러한 미래의 모든 가치창출에 있어 데이터의 활용은 가장 중요한 요건임에 틀림없다. 그러나 이러한 측면이 개인정보의 보안이나 금융안정성 그리고 도용의 위험에 노출된 분야에서 어떻게 관리돼야 효율적인 측면을 극대화할 수 있는지에 관한 논의는 아직 충분히 이루어지지 않았다. 편의성에 관한 제고와 더불어 이것이 가능하게 된 여건이 보안성이나 개인정보 보호의 측면에서는 파악되지 않는 위험에 노출될 수 있기 때문에 사회구성원 다수가 참여하는 진지한 논의가 절대적으로 필요하다.

여기서 플랫폼이란 모든 생산요소들이 다양하게 연관되면서 새로운 가치를 창출하는 토대이므로 패러다임상의 변화를 의미하게 되고, 바로 이러한 측면이 현재의 상황을 설명하는데 적합하다. 이전부터 플랫폼이란 다양한 의미로 쓰여 왔는데 이 책에서는 비즈니스 모델로서의 플랫폼 즉 네트워크 효과를 현실화시키는 장

---

12) 레그테크(RegTech)란 규제를 뜻하는 레귤레이션(Regulation)과 기술을 뜻하는 테크놀로지(Technology)의 합성어로 금융회사로 하여금 내부통제와 법규준수를 용이하게 하는 정보기술을 말함.
13) 인슈어테크(InsurTech)란 보험(Insurance)과 기술(Technology)의 합성어로 인공지능(AI), 블록체인, 핀테크 등의 IT기술을 보험 산업에 적용한 개념임.

소로서의 의미를 가진다.

또한 핀테크가 플랫폼 차원의 혁명이라고 주장할 수 있는 근거로는 핀테크의 핵심기술들이 궁극적으로 지향하는 바가 소수의 참여자에게 주어졌던 서비스 공급기능을 다수에게 허용한다는 점과 기존 시장경로를 넘어서 다채널 비대면 방식으로 공급이 된다는 점을 들 수 있다. 기존 일방적 · 개별적 채널과는 본질적으로 다른 소위 '네트워크 효과'를 극대화하는 연관성을 핵심엔진으로 장착하고 있는 것이다. 즉 서비스의 생성과정과 전달경로 그리고 관여하는 주체가 모두 바뀌는 오늘날의 핀테크 혁명은 전형적인 플랫폼상에서 이루어지는 양면적 또는 다면적 시장(two-sided, multi-sided market)의 특성을 그대로 답습하고 있다. 플랫폼에서 이루어지는 다양한 연관으로 인해 생성되는 네트워크 효과는 사용자가 많을수록 더 많은 사용자를 끌어들이게 되고, 그를 통해 데이터를 집중 활용함으로써 소프트웨어 엔진을 중심으로 인터넷 공동체를 향유하게 된다. 이렇게 새롭게 형성되는 생태계는 '데이터'를 매개로 이루어지는 공동체 시장이다.

플랫폼은 소위 거래를 촉진하는 거래중심의 플랫폼과 혁신, 투자 및 종합적인 플랫폼으로 나눌 수 있는데 금융 분야에서는 결국 지급결제분야와 자산운용분야로 나눠진다. 플랫폼은 가치창출을 위해 두 가지의 경로를 활용한다. 먼저, 거래플랫폼(transaction platforms)은 서로가 엮여지기 어려운 개인이나 기업들의 연관을 촉진시킨다. 우버, 구글 검색, 아마존 마켓플레이스, 이베이 등이 대표적인 사례다. 종합적인 플랫폼은 특정 금융서비스 중심을 뛰어넘는 자산운용 및 보험 등을 포함한 포괄적 서비스의 제공 기반이다.

최근 들어 고용창출의 기반역할을 하고 있는 플랫폼 기업들의 주요 행태가 서서히 금융권에서도 구현되고 있으나, 아직은 부분적으로 이루어지는 개별적 차원의 시도와 기존 참여자들과의 합종연횡의 형태를 띠고 있다. 이는 금융이 원래부터 규제산업인데다가 새로운 기술을 내포시키는 과정에서 금융안정의 틀을 깨지 않아야 하기 때문이다. 따라서 앞으로도 이러한 절충적인 판도는 당분간 지속될 것으로 판단된다.

한편 국내에서는 2015년 초부터 다양한 간편 결제서비스가 크게 증가했고 그 용도나 기능의 유사성으로 사용자의 혼란마저 발생하고 있다. 모바일 환경만 보더라도 바코드(Barcode), QR(Quick Response) 코드, 근거리 무선통신(Near Field Communication; NFC), 마그네틱 보안 전송(Magnetic Secure Transmission; MST), 와이파이(Wifi), 비콘(Beacon) 등 수많은 기술이 혼재돼 있다. 또 은행 중심의 앱카드(App Card)의 경우에 소비자는 신용카드 숫자만큼 앱카드를 별도로 설치하고 등록하는 불편을 아직 감수해야 한다. 반면 소비자들은 풍부해진 지급결제 서비스로부터 획득한 풍부한 경험을 바탕으로 은행의 지급결제 서비스에 대한 기대수준을 높임으로써 과거 공급자 중심에서 소비자 중심으로의 변화를 주도하고 있다. 국경 간 자금이체, 보안, 개인정보 보호 등에 대한 사용자들의 기대수준이 높아지면서 서비스 제공자 입장에서는 과거의 서비스를 질적으로 한 단계 업그레이드시켜야 하는 부담을 갖게 되었고, 이에 따라 금융 분야는 본격적 경쟁 환경으로 진입하고 있는 것이다.

이 같은 변화의 흐름에서 기존 생태계의 선두 또는 중추적 역할을 수행해왔던 기관들은 심각한 도전에 직면해있다. 그동안 중추적 역할을 수행해오던 지급결제 중개기관은 중개시스템을 우회할 수 있는 신종 서비스의 출현에 대비해 은행, 금투사, 카드사 및 지급서비스를 제공하는 다양한 시장 참여자들과의 경쟁과 협력을 강화해야 하는 입장이다. 알리바바의 알리페이(소액대출), 아마존(Amazon)의 아마존코인(아마존 결제수단), 라쿠텐(rakuten.com)의 라쿠텐 슈퍼포인트(라쿠텐 결제수단) 등 전통적인 금융기관과 지급결제 중개기관을 배제하는 결제수단 또는 금융프로세싱이 확대되고 있다. 원칙적으로 블록체인을 활용하는 신종 서비스는 금융회사의 중앙집중식 시스템을 경유하지 않고서도 개인 대 개인(P2P) 차원의 송금, 인증을 가능케 하지만 일반의 신뢰 구축 면에서 아직 초기단계에 머물고 있다. 그러나 현실적인 대안에 대한 요구가 점차 부각되는 점은 기존 중개기능이나 관련 사업자들에게 새로운 자극제로 작용하고 있음에 틀림없다. 뚜렷한 미래의 환경변화가 나타나고 있지 않은 가운데 모든 부문에서의 와해와 변화가 동시에 진행됨에 따라 기존 생태계 주자들의 역할재정립이 불가피해졌다. 그럼에도 어떻게 이들을 연결하면서 구체적인 노력을 해야 하는지에 대해서는 막막한 상태다. 새로운 질서에 대한 사회적 공감대가 형성되기까지는 상당한 기간이 필요할 것으로 전망된다.

한편, 핀테크 기업의 수적 증가 및 비중 확대는 지급결제 중개시스템에 대한 공식적인 참여 요구를 강화시킬 수 있다는 것도 유의해야 한다. 따라서 현재의 금융권은 변화에 적응하지 않으면 어려움을 겪을 수 있다는 위기의식과 핀테크 산업과 공생할 수 있는 적극적인 전략적 접근이 필요하다. 현 시점에서 핀테크는 '피할 수 없는 변화'로 보이고 특히 금융권 전체적으로 비대면 온라인 채널이 많아지면서 지점이 축소되거나 필요 인력이 감소하는 등 주변 현상도 지급결제 중개기관의 입지나 역할에 영향을 주고 있다. 실제로 핀테크 사업자들이 비교적 수월하게 지급결제 서비스를 제공할 수 있게 됨에 따라 새로운 서비스의 출현이 어떤 영향을 미칠지 등에 대한 면밀한 분석과 전략 수행이 필요하다. 나아가 핀테크 기업만으로는 새로운 환경에 부합하는 서비스를 제공하는데 한계가 있으므로, 영국 정부와 같이 핀테크 산업과 기존산업의 협조를 지원하기 위한 정부의 생태계관리자 역할도 모색해야 한다.

지금까지 우리나라에서 핀테크는 산업의 판을 흔드는 본질적 변화를 아직 일으키지 못하고 있지만 향후 금융서비스의 제반 과정과 인프라에 심각한 영향을 미칠 수 있는 잠재력이 있다. 우리나라는 은행 중심의 유관기관들이 생태계를 좌우하고 있다고 해도 과언이 아니다. 따라서 외부의 변화가 무엇을 의미하는지 내부에서는 파악하기도, 대응하기도 여의치 않다. 이러한 환경에서는 무엇보다도 공급주체의 변화가 가장 중요한 이슈인데 이들의 입장에서 보면 금융 안정성을 지키는 차원에서 새로운 참여자의 등장이 상당히 많은 정책적 도전을 안겨주게 된다. 소위 '검증받지 않은 주체'들의 등장과 더불어 갑자기 늘어난 각종 금융서비스 및 상품관련 선택의 폭을 어떻게 활용해야 하는지의 문제와 만약의 경우에 위험 분담을 어떻게 처리할 것인지에 관한 사회적 합의가 필요하기 때문이다. 따라서 과도기적 상황에서 핀테크의 긍정적인 면을 부각시키고 생태계 차원의 발전을 유도하려면 현재의 금융권 주체들이 보다 적극적이고 개방적인 자세로 기술요인을 수용하면서 미래지향적 변화를 주도해야 한다. 인위적인 진입장벽을 만들기보다는 고객과 소비자에게 가장 어필할 수 있는 서비스 제공자로서의 신뢰구축이 관건이다. 초기 스타트업들이 접근하기 어려운 인프라 관련 서비스(고객 파악이나 거래 이상 징후 모니터링 등)의 제공이 가능하다면 향후 안정성을 전제로 다양한 참여자들의 연결을 통해 기존에 경험하지 못했던 금융서비스가 모두에게 제공될 수 있다. 그러나 이를 구현하기 위해서는 수없는 시행착오를 통한 진화의 과정을 겪을 수밖에 없다. 결국 모든 것은 전적으로 다수의 사용자 그리고 사회구성원의 판단과 선택에 달려있다.

이상 핀테크 관련 산업의 환경을 조망해본 결과 최근의 변화를 금융권에서 벌어지고 있는 질적인 플랫폼 혁명으로 규정지을 수 있다. 자연히 빠르게 변화하는 환경에서 적용 가능한 전략은 플랫폼을 기반으로 가능하다는 사실도 알 수 있다. 즉 양면 및 다면시장에서의 복잡다단한 연관이 가치창출의 기반임을 인정하는 이상, 연관을 촉진시킬 수 있는 수단은 오로지 플랫폼임을 알 수 있다. 따라서 가장 많은 시장 참여자들이 연관을 이뤄낼 수 있는 거대한 토대 즉 오픈 플랫폼을 구축하기 위한 노력에 매진하는 것이 미래전략의 핵심이다.

금융플랫폼과 금융안정

금융 분야에서의 핵심적 변화가 보다 나은 서비스로 이어지려면 가급적 다수의 참여를 유도할 수 있는 개방형 플랫폼의 구축이 절대적으로 필요하다. 또한 금융당국은 다양한 가치창출의 토대로서 플랫폼의 활동에 관한 적절한 규제서비스를 제공해야 한다. 특히 디지털 초연결 사회에서는 플랫폼이 중요한 위치를 차지하게 되므로 모두가 공감할 수 있는 원칙이 지켜질 수 있도록 사회적 합의가 이루어져야 한다. 금융안정이나 소비자 보호, 도덕적 해이에 대한 감시나 대마불사에 대한 모니터링은 함께 지켜야 할 기본 원칙이다. 따라서 기존의 기관중심으로 이루어지던 금융감독서비스도 앞으로는 플랫폼에 관한 규제서비스로 발전시켜야 한다.

단기적으로는 거래소 중심의 모니터링과 감독 및 규제가 현실화돼야 한다. 특히 본질적인 환경 변화에 부응하기 위한 감독서비스의 새로운 모습은 아무리 강조해도 지나침이 없다. 편리성과 혜택에 비해 위험도 커지는 상황에서 금융 감독의 중요성은 더욱 커질 수밖에 없고 이와 관련된 발전은 시장주도의 환경 변화 요인을 정확히 이해하고 대응하는 데서 출발한다.

따라서 와해적 성격의 핀테크 변화와 미래 금융환경을 전망하기 위해서는 전체적인 그림 즉 초연결 사회에서의 연관을 만들어내는 '장터 경제' 또는 '플랫폼 경제(Platform Economics)'에 대한 이해가 우선돼야 한다. 자유로운 연관을 촉진하는 시각에서 지금의 금융부문 핀테크 열풍을 해석해야 참여주체들의 대응도 긍정적인 차원에서 평가받을 수 있다. 더불어 협업을 통해 만들어 내는 서비스가 공급자가 아닌 소비자를 위한 것이라는 점을 상시 준수할 수 있도록 누군가가 어디서든 프라이버시 보호의 틀 안에서 모니터링하고 지켜야 하기 때문이다.

플랫폼 경제는 시장 참여자들의 가치창출에 필요한 인프라 지원뿐만 아니라 다수의 참여자를 수용해 가치를 상호교환하게 하는 포괄적인 플러그 앤 플레이(Plug and Play) 비즈니스 플랫폼이다. 구글 · 네이버 등 플랫폼 기업들은 고객의 정보와 연결된 부가사업을 주요 목표로 설정하고 있는데, 궁극적으로는 착용 가능한(Wearable) 기기, 연결 가능한 다른 기기로 점차 외연을 확대시키는 것까지 목표로 삼고 있다. 즉 간편 결제서비스로 양질의 고객정보를 확보하고 이를 통해 플랫폼 장악력을 강화하면서 부가서비스를 확대하는 것이 플랫폼 기업들의 대체적인 전략이다.

2015년 5월 구글이 출시한 '안드로이드 페이(Android Pay)'는 향후 출시되는 모든 안드로이드 운영체제 기반의 스마트폰에 우선 탑재될 전망인데, 일단 플랫폼으로 구축되면 향후 홈 네트워킹, 사물인터넷 등 다양한 시장에서도 영향력을 행사할 것으로 전망된다. 핀테크 시장의 역동성 때문에 금융 플랫폼 종류를 특정하기는 어려우나 영국에서는 P2P 플랫폼, 트레이딩 플랫폼, 개인재산관리 플랫폼, 취합 웹사이트(Aggregator)[14) 등으로 분류[15)하고 있다.

플랫폼은 간편 결제서비스를 온라인 투 오프라인(O2O) 지급결제 시장까지 확장시킬 수 있는 효과적인 수단으로도 평가된다. 온라인 투 오프라인(O2O)은 온라인과 오프라인을 오가며 상품을 검색하고 구매하는 것으로 아직은 초기단계이지만, 향후 300조 원에 이르는 국내 오프라인 상거래 시장을 대체할 것이라는 전망이

14) 여러 회사의 상품이나 서비스에 대한 정보를 모아 하나의 웹사이트에서 제공하는 모델.

15) 언스트 앤 영(Ernst & Young), 영국 핀테크 경관(Landscaping UK Fintech), 2014.

나올 만큼 각광받는 비즈니스 모델이며 각종 배달용 앱이나 카카오택시 등이 일종의 온라인 투 오프라인(O2O) 서비스다.

〈중국의 온라인 투 오프라인(O2O) 서비스〉

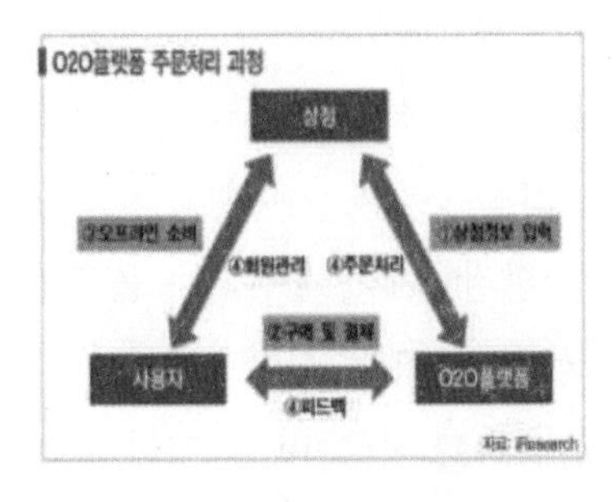

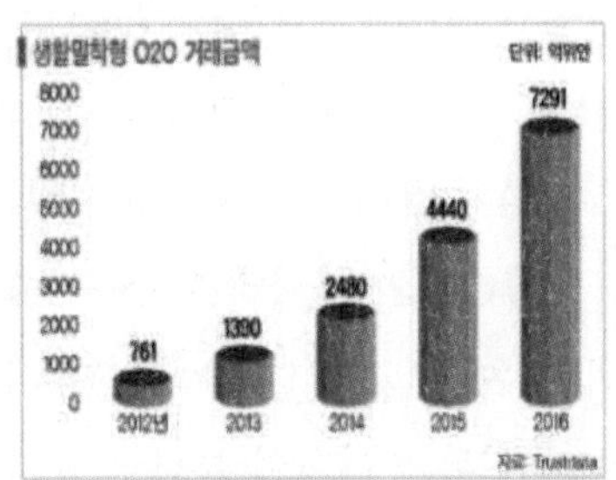

제3자의 사회경제 활동을 가능하게 하는 기반 기술이나 프레임워크로서 MS의 윈도우즈, 애플의 iOS와 구글의 안드로이드, 카카오의 카카오톡, NHN의 라인 등이 모두 플랫폼의 일종이다. 플랫폼 경제는 과거의 이질적 요소로 구분되던 시장을 하나의 토대 위에서 다양한 연관을 통해 만들어 가는, 연결된 세상에서의 생존 전략으로 간주할 수 있다. 일반적으로 플랫폼 경제의 플랫폼 사업자는 배타적 기술력과 시장 선점을 무기로 다수의 이용자를 끌어들여 네트워크 효과를 누리며, 플랫폼 이용자는 플랫폼을 활용해 낮은 비용으로 상품을 판매하는 등 수익을 창출한다.

플랫폼 경제는 초기 진입 및 개발비용을 낮춰 다양한 개인과 기업들을 생산에 참여시키면서 기존 금융체제가 갖고 있던 고유한 영역을 플랫폼에 기초한 금융 패러다임으로 변화시키는데 일조하기도 한다. 예를 들어, 이용가능 자금에 대한 은행 간 지불시스템

(Interbank Payment System for Cleared Funds)의 경우 제도권 지급결제 시스템을 우회하는 서비스로서 기존 체제를 대체할 수 있는 다양한 통화 혼합(Multi-Currency Hybrid)이 가능하며 속도와 유동성 측면에서 효율적이다. 이러한 특성에 따라 실시간 거액결제 및 자동어음교환시스템(Real Time Gross Settlement/Automated Clearing House System: RTGS/ACH System)의 대안으로 사용 가능하며 거래 상대방의 결제 위험을 감소시킬 수 있다.

뉴질랜드의 클릭엑스(KlickEx)라는 환전업체가 운영하는 플랫폼의 경우 단 몇 번의 클릭만으로도 국내외에 있는 상대방에게 자국 통화 또는 상대방의 통화로 환전, 송금하거나 교환하는 것이 가능한데 2015년 10월 기준으로 호주 달러, 뉴질랜드 달러, 영국 파운드 스털링(Pound Sterling), 서사모아 탈라(Samoan Tala), 통고 팡가(Tongan Pa'anga) 등이 가능하였다. 이밖에도 리플(Ripple), 스텔라(Stellar) 등 다양한 대안적 지급결제네트워크가 시장에 소개되고 있다. 이러한 환전 플랫폼은 실시간 거액결제시스템(RTGS)에도 잠재적인 영향을 미칠 가능성이 있으며 비 기축통화를 사용하는 국가일수록 수수료 절감과 환위험에 대한 분산효과로 해외송금 시 가상화폐를 활용하려는 수요가 클 수 있다.

또한 골드만삭스(Goldman Sachs), BNY멜론(BNY Mellon), 블랙록(BlackRock), BofA메릴린치(BofA Merrill Lynch), 시타델(Citadel), 씨티(Citi), 크레딧 스위스(Credit Suisse), 도이치 방크(Deutsche Bank), 제프리즈(Jefferies), JP모건(JPMorgan), 매버릭(Maverick), 모건 스탠리(Morgan Stanley), 노무라(Nomura), 웰스 파고(Wells Fargo)를 포함한 여러 투자사들은 6,600만 달러(약 765억 원)를 투

자해 심포니(Symphony Communication Services Holdings LLC)를 설립했다. 심포니는 블룸버그가 장악하고 있는 증권 정보분석 시장을 탈취하기 위한 플랫폼을 개발할 계획으로, 이 플랫폼이 개발되면 블룸버그보다 월등히 낮은 가격으로 새로운 전용 단말기와 통신회선이 증권사에 설치될 예정이다. 이에 더해 심포니는 가격 경쟁을 위해 시스템 구조상 비용이 적게 드는 클라우드 컴퓨팅 기술을 사용해 플랫폼을 전환할 계획이다.

핀테크 이후 지급결제 서비스의 증가로 금융시스템 차원에서 금융안정(Financial Stability)에 관한 대비가 필요하다. 지급결제 관련 많은 서비스들이 편리성을 강조하면서 유입되고 있으나 각 서비스에 내재된 위험에 대한 충분한 검증은 이루어지지 않는 상태다. 탈금융 및 탈현금화를 특징으로 하는 새로운 결제수단의 등장으로 제도권 금융회사 중심의 패러다임이 크게 변하고 있는 상황에서 금융안정을 위한 가이드라인은 더욱 절실한 상황이다. 그러나 관련 연구는 아직 초기단계며, 상황에 대한 깊은 이해에는 보다 시간이 필요한 실정이다. 핀테크 후발주자로서 우리나라는 세계경제포럼(World Economic Forum)의 기준으로는 개인 대 개인(P2P) 대출제도에 대한 준비 부족 국가로 분류[16]되고 있다.

자금세탁방지와 테러자금방지(Anti-Money Laundering and Combating the Financing of Terrorism; AML/CFT)는 금융시스템의 안정과 효율을 위해 여전히 중요한 사항이므로 핀테크 환경에서도 적절한 활용이 필요하다. 이러한 기준이 핀테크 기업에게 적용된

16) 세계경제포럼(World Economic Forum), 핀테크의 미래: 소규모 기업 금융에서의 패러다임 변화(The Future of Fintech: A Paradigm Shift in Small Business Finance), 2015.

다면 핀테크 기업으로서는 고강도 규제를 피하기 위해 금융회사와의 제휴를 선택할 가능성도 존재한다. 즉 핀테크 기업도 그 자체로서는 기존 가이드라인만으로 수용하기 어려운 측면이 있으므로 금융회사와의 협업을 모색하는 것이 중요하다. 따라서 타당한 법적 테두리 안에서 새로운 서비스를 구현시키는 것이 사회전반적인 효용차원에서도 바람직하다. 최근에는 독자적인 국경 간 송금서비스를 허용할 만큼 우리나라 정부도 적극적인 자세로 시장 흐름을 수용하고자 노력하고 있으나(최공필 외, 2016), 전통적인 법적, 제도적 인프라의 미래지향적 진화는 결코 쉽지 않은 과제다.

유사한 맥락에서 간편 결제서비스가 확산되는 이면에는 위험관리를 위한 규제나 감독, 안전 기준에 대한 수요 증가도 존재한다. 다양한 위험요인이 복잡하게 얽힌 상태로 많은 서비스가 제공됨에 따라 사용자들이 위험 수준을 파악하기 곤란한 상황은 앞으로도 이어질 것이다. 이 경우 복잡하고 상이한 법적 토대에서 새로운 서비스가 추가됨에 따라 편의성을 높이는 효과는 있지만, 반대로 안정성과 신뢰성을 저해할 수 있는 위험이 내재한다. 안전 제일주의로 이어진 과거의 '선 승인, 낙관적인 시스템' 정책이 금융혁신을 가로막았다는 지적의 이면에서 잠재적 불안요인도 상존한다. 특히 제4차 산업혁명을 준비하며 미래지향적 고용기반을 확충해야 하는 입장에서 혁신에 대한 평가나 인센티브의 제공 등 여러 측면에서 신중하면서도 전략적인 선택이 요구되고 있다. 이러한 맥락에서 규제완화가 핀테크의 발전을 위한 전제조건으로 부각되고 있지만 규제완화의 대가로 정보보호 수준이 낮아지는 위험에 대한 인식과 대비는 분명히 필요할 것이다. 금융소비자로서 이러한 모든 위험요인으로부터 자신을 보호하기는 점차 어려워지게 되므로 당국의 역할마저 점차 어려워지고 더욱 신중해져야 하는 모순적 상황에 봉착하기 쉽다. 결국 과거와 같은 역할분담으로 대응하기 어려워지는 환경에서는 각자가 협업을 통한 합의도출로 해결할 수밖에 없다. 블록체인의 인증과정과 유사한 맥락에서 개방됐지만 많이 참여할수록 신뢰성이 제고되는 방식 즉 대응방식도 장터경제의 개방형 · 참여형 연관과정을 통해 걸러지고 검증돼야 한다.

3장
사회경제문제 해결의 핵심, 데이터

플랫폼 기반 가치창출은 데이터를 활용한 '다양한 연관'이 핵심

앞에서 살펴본 플랫폼 기반 기업들의 가치창출을 본받기 위해서는 동등한 경쟁기반(level playing field)의 확보가 필요하다. 또한 공급자, 기득권 위주의 생태계에서 새로운 참여자가 접근할 수 있는 시장밀착형 서비스가 제공돼야 한다. 다양한 연결을 통해 가치가 만들어지기 때문에 앞으로 민간과 시장의 역할이 중요해질 것이다. 정부주도의 연결 촉진은 보다 다양한 연관조성의 장애요인이 될 가능성이 크다. 그러므로 정부는 생태계 육성차원에서 오픈 응용프로그램 인터페이스(API)[17] 전략을 통해 기득권들에게 개방과

17) 오픈 API(Open Application Programming Interface, Open API, 공개 API)는 누구나 사용할 수 있도록 공개된 응용프로그램 인터페이스(API)를 말함.

협업에 대한 과감한 인센티브 제공을 확대해야 한다.

이 과정에서 연결의 핵심 요소는 바로 데이터다. 그리고 데이터 분석의 핵심은 빅데이터다. 연결이 어려운 대상에 대한 데이터의 발굴과 활용을 통해 연결이 보다 다양하고 심층적으로 이루어질 수 있으며, 민간들은 이를 토대로 새로운 사업기회를 포착할 수 있게 된다. 데이터 분석 기반 사업기회 모색은 지속성 제고에도 도움이 될 것이다. 다양한 분야의 데이터를 활용해 숨겨진 관계를 포착하고 거기서 걸러진 정보는 새로운 가치창출의 밑거름이 된다.

〈빅데이터, 디지털 경제 전환에 핵심요소〉

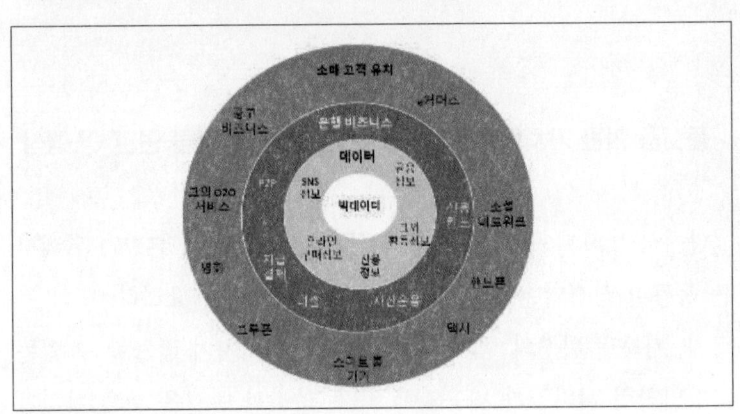

자료 : 셀렌트(Celent), 2015.

데이터를 활용한 디지털 경제로의 전환

원시사회에서는 시각과 청각으로 주변 세상을 파악했다. 그런데

이제는 자신은 물론 모든 주변 상황을 데이터로 분석한다. 이미 세계는 이렇듯 데이터로 돌아가는 세상에서 우위를 점하기 위해 소위 4차 산업혁명의 핵심인 디지털 경제로의 전환을 위한 노력을 해나가고 있다.

별자리나 우리 신체구조에 관한 분석은 보다 뚜렷하게 볼 수 있는 능력이 갖춰지면서 크게 발전했다. 해상도가 높은 망원경, 현미경, 숨은 관계까지 파헤치는 인공지능, 딥 러닝으로 인류사회는 엄청난 미래를 경험하기 시작했다.

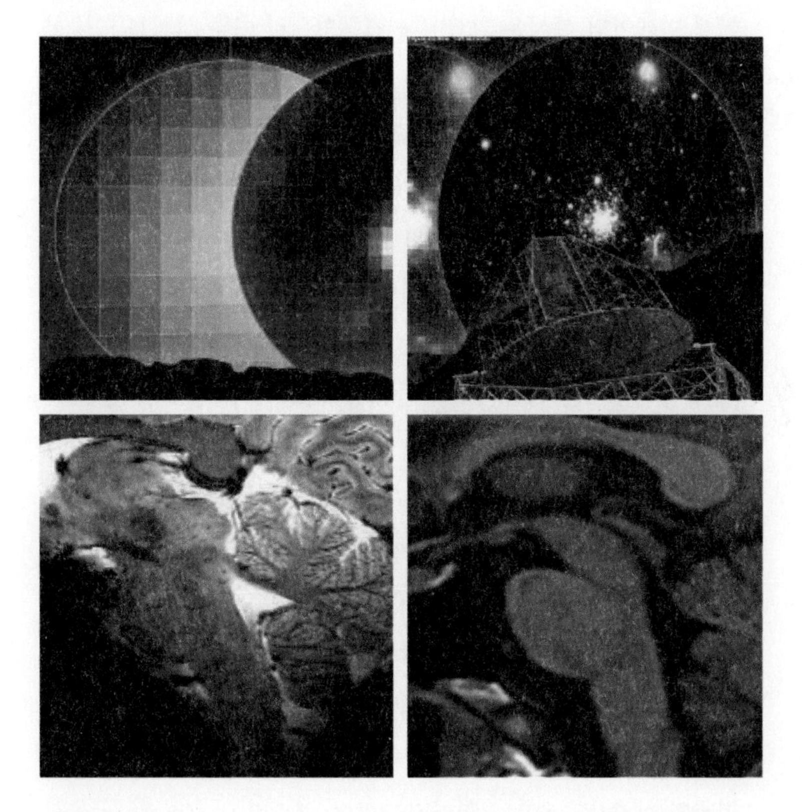

자료 : 김영보

MRI의 활용으로 더욱 정확한 진단과 판단이 가능해졌고, 그로 인해 정확한 수술이 가능해졌다. 그리고 이는 많은 생명을 살리는 데 도움이 됐다. 이처럼 투명성과 세밀한 분석은 부작용을 줄이고 수술 성공 가능성을 높인다. 보이는 만큼 시장 불확실성이 낮아지고 진입과 성공을 유리하게 하는 것이다. 마찬가지로 경제에 대해서도 MRI분석을 통해 소모적이지 않은 지속적 회생기반을 구축해 자신과 주변 그리고 그 연관에 관한 다른 각도의 이해를 할 수 있을 것이다.

이제 빅데이터 분석은 과학이나 천문학에서 이룬 성과를 넘어서 산업전반, 아니 사회전반에 보다 광범위하게 적용되기 시작했다. 소위 빅데이터 4.0의 경제 MRI를 통해 간과돼 왔거나 숨겨졌던 부분들이 드러나면서 산업전반의 일대전환이 시작된 것이다. 빅데이터는 엄연히 인간과 기계의 영역마저 허물어지는 증강현실(AR), 가상현실(VR)의 세상을 비춰주는 도구인 인공지능의 필수 연결고리역할을 하게 된 것이다.

이미 빅데이터는 다방면에서 활용되고 있다. 우선, 수익 창출 관련 로보어드바이저는 물론, 보험 분야에서도 괄목할 만한 변화가 감지된다. 영국의 아비바생명은 차량내 운행기록 장치를 통해 실제 운전 행태를 수집, 분석해 운전자의 운전 패턴에 기반한 맞춤형 보험 상품을 제공하고 있다. 주로 운전하는 시간과 지역 등을 감안해 보험료를 산정해, '운전한 만큼 지불(Pay-as-you-drive)' 하는 상품인 'RateMyDrive' 를 내놓아 고객들로부터 좋은 반응을 얻고 있다.

미국의 켄쇼(Kensho)는 인공지능 기반 빅데이터 기술로 금융회사 리서치와 분석을 자동화하는 회사다. 고액 연봉을 받는 증권회사 애널리스트가 40시간에 걸쳐 하는 보고서 작업을 단 몇 분 만에 해결할 수 있어서 산업 패러다임을 바꿀 수 있는 스타트 업으로 각광받고 있다. 이미 골드만삭스와 스탠더드 앤드 푸어스(S&P)로부터 대규모 투자를 유치했으며 실제 골드만삭스의 트레이딩 데스크와 스탠더드 앤드 푸어스(S&P) 내부업무에 이용되고 있다.

〈켄쇼(Kensho) 작동 이미지〉

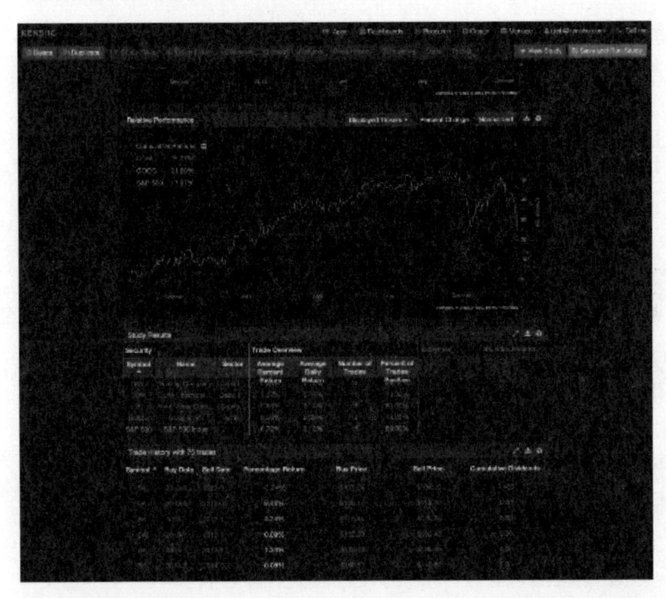

자료 : 켄쇼(Kensho Technologies)

또 다른 혁신 기업인 요들리(Yodlee)는 15,000개 데이터 소스에서 금융 관련 정보를 수집하고 이를 표준화하고 가공해 다양한 방식으로 수요자에게 제공하고 있다. 예를 들어 과거에 월마트의 주가를 예측하기 위해 증권회사 애널리스트 보고서를 참고했다면 이제는 요들리에서 발간하는 리포트를 구입할 수 있다. 개인들의 신용카드 사용내역과 납품업체들의 거래내역을 분석해서 앞으로의 실적을 맞추는 정도가 아니라 당장 오늘의 실적을 추정할 수 있기 때문이다. 그 결과 이 회사는 지난해 7,000억 원 가치를 평가받고 피인수됐다. 요들리는 모든 금융정보를 수집하고 이를 가공해서 다양한 방식으로 가치를 창출한다. 예를 들어 개인들의 신용카드 사용내역과 물품 납품업체 금융데이터를 분석해 증권사보다 더 정확하게 월마트의 주가를 예측하는 보고서를 판매하고 있다.

〈요들리(Yodlee) 사업구조〉

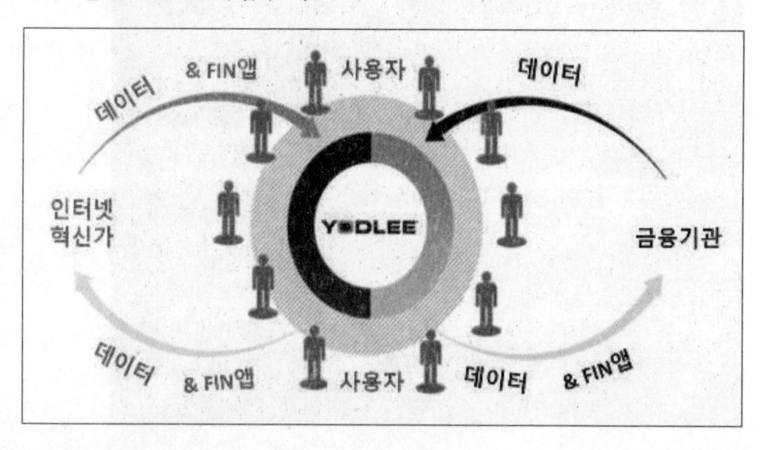

이처럼 해외에서는 빅데이터의 가능성을 일찍이 확인하고 다양한 분야에 도입하는 데 성공하고 있다. 그중에서도 고객의 경험 변화를 일으킨 데이터 활용 사례로 마스터 카드를 들 수 있다. 마스터 카드

는 210개국, 19억 개 카드, 3,200만 개의 카드 가맹점으로부터 매일 발생하는 방대한 결제 데이터를 바탕으로 고객 맞춤형 프로모션을 진행하고 있다. 또한 마스터 카드는 각 지역에서 발생한 결제 데이터를 비식별화 후 분석, 가공해 수요 기업에 판매 또는 컨설팅 서비스를 제공한다. 결제 데이터에는 사용자의 신용 및 소득수준, 구매 선호도, 관심사, 거주 지역 등이 포함돼 있어 다양한 인사이트를 도출하는 데 도움이 된다. 이때 700,000만가지 항목의 엄격한 내부 가이드라인에 따르도록 해, 정보유출의 위험성을 최소화하고 있다.

아마존은 페이스북과 2010년 제휴를 추진해 그들의 회원이 자신의 페이스북에 공개한 정보(개인의 생일, 친구 정보, 좋아하는 카테고리)에 기반해 상품을 추천하는 맞춤형 상품 제안을 실시하고 있다. 또한 사우스웨스트 항공(Southwest Airline)은 미국인의 96%를 비롯해 전 세계적으로 5억 명에 달하는 고객의 정보를 갖고 있는 엑시엄(Acxiom)사의 데이터를 구매해 자사의 고객정보와 결합, 항공기 탑승객의 쇼핑 습관과 구매 패턴 등을 분석해 비행기 좌석 스크린에 승객별로 다른 광고를 제공하고 있다.

데이터를 활용해 내부 프로세스와 효율성 개선에 성공한 제스트 파이낸스(Zest Finance)는 동호회 정보, 소셜네트워크(SNS) 친구 수, 대출서류 작성에 걸린 시간 등 다양한 변수를 포함해 머신러닝 기반 분석을 수행했으며 10,000여 개의 데이터 포인트를 조합해 신용평가 모델을 고도화했다. 뱅크 오브 아메리카(Bank of America)는 빅데이터 분석 프로그램(SAS)을 도입, 분석 알고리즘 고도화로 고객의 SNS 데이터와 비금융정보까지 포괄 분석해 대출 회수와 금리 조정 등의 사안을 결정했다. 이 과정에서 모기지론 1,000만 건의 채무 불이행 확률 계산 시간은 96시간에서 4시간으로, 대출계좌 40만 건의 신용평가점수 산출시간은 3시간에서 10분으로 줄어들었다. DHL은 일별 배송 정보를 분석해 소비자의 물류 서비스 이용 흐름과 패턴을 파악했으며, 실시간 교통상황과 수신자 상황, 지리적 · 환경적 요소를 고려해 최적화된 배송 경로를 실시간으로 분석, 적기에 배송할 수 있도록 했다. 이를 통해 물류 배송 실패율을 제로 수준으로 만들었으며, 불필요한 연료 소모도 최소화했다. 자라(Zara)도 빅데이터 분석을 활용해 전 세계 매장의 판매현황을 실시간으로 분석한 뒤 고객 수요가 높은 의류를 실시간으로 공급할 수 있는 물류망을 구축했고, 구글은 데이터센터 서버와 기타 장비들의 사용시간과 에너지 사용량에 대한 방대한 분량의 운영 데이터를 분석해 데이터센터의 성능과 에너지 사용량이라는 트레이드오프 관계의 두 가지 지표를 최적의 상태로 운영하고 있다.

후지쯔(Fujitsu)의 경우에는 새로운 가치창출에 데이터를 활용했는데, 농지 작업 실적과 작물 이미지 등의 데이터를 분석해 수확량 증가와 품질을 향상시키는 클라우드 기반의 농업용 빅데이터 분석 솔루션을 마련했다. 기후와 토양환경 등에 대해 센서로부터 수집되는 데이터와 과거 수확실적 등의 빅데이터를 분석해 최적의 파종, 농약살포, 수확 시점을 제공한 것이다.

이 외에도 실리콘밸리의 사이즈업(SizeUp)이라는 스타트업은 지역위치 기반정보와 각종 기상, 교통, 재무 및 공공정보를 활용해 중소기업이 커나갈 수 있는 포괄적인 창업관련 정보를 제공하고 있다. 소위 '감'이나 발품으로 얻은 정보보다 훨씬 포괄적인 분석을 통해 사업성공 가능성을 높이고 있다.

사이즈업(SizeUp)은 무료로 경쟁사 분석(competitive analysis) 서비스를 제공하며, 스타트업들은 사이즈업(SizeUp)을 통해 광고 및 사업을 위한 최적의 장소를 예측할 수 있다. 산업 · 위치 별 지역 시장정보를 검색할 수 있으며, 같은 지역 내 같은 업종의 평균 수익 및 직원 수, 평균 직원 연봉, 직원의 비용 효율성, 연간 직원 이직률 등 경영실적에 관한 주요 정보들을 열람할 수 있다. 같은 지역뿐만 아니라, 미국 내 전체 지역의 회사와 비교 분석이 가능하며 특정 물건 또는 식품의 수요에 대한 정보도 제공한다. 이를 통해 어떠한 지역에서 특정 물건 또는 식품의 수요가 가장 높은지에 대해 파악이 가능하며 이를 통해 사이즈업(SizeUp)은 스타트업 및 중소상인들의 비즈니스 성공률을 높이는 데 기여하고 있다.

〈사이즈업(SizeUp)〉

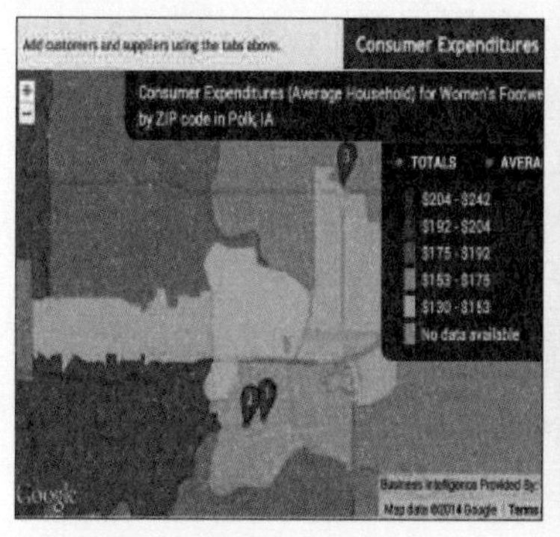

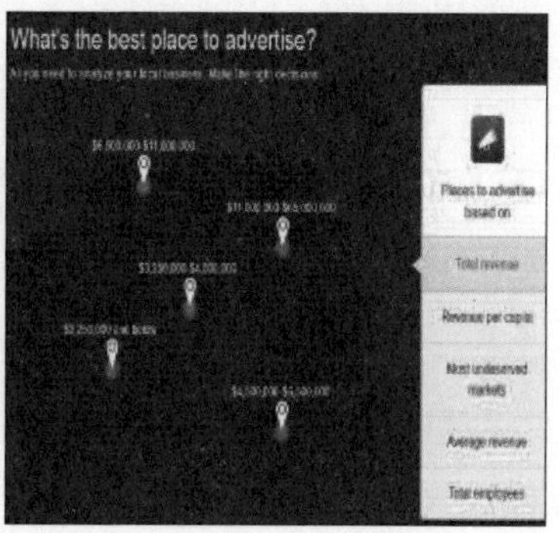

자료 : 사이즈업(sizeup)

블렌더(Blender)나 파라과이의 빈곤퇴치프로그램도 빅데이터를 활용한 사회문제 해결의 좋은 사례다. 블렌더는 클라우드 기반 플랫폼과 빅데이터를 활용해 대출서비스를 제공하며, 데이터를 기반으로 신용 위험도를 평가할 수 있는 서비스도 제공하고 있다. 2017년 2월 14일 리투아니아 중앙은행(Bank of the Republic of Lithuania)으로부터 전자화폐(e-money) 면허를 취득했으며 이는 전자화폐의 발행 및 배포, 지급결제 계좌운영, 현금 예금 및 인출, 신용카드 지급결제, 송금서비스에 대한 허가를 받은 것이다.

〈신용대출 : 투자비율의 1% 증가가 GDP에 미치는 영향〉

	신용접근성이 높아짐에 따라 신용대출 : 투자 비율이 1% 증가한 경우	신용대출의 규모가 증가함에 따라 신용대출 : 투자 비율이 1% 증가한 경우	신용대출의 효율성이 증가함에 따라 신용대출 : 투자 비율이 1% 증가한 경우
우간다	0.39%	0.35%	0.12%
케냐	0.63%	0.47%	1.17%
모잠비크	0.39%	0.51%	0.60%
말레이시아	0.43%	0.51%	0.86%
필리핀	0.29%	0.26%	0.41%
이집트	0.19%	0.46%	0.42%

자료 : 세계은행의 기업설문조사(World Bank's Enterprise Surveys),
세계개발지표(World Development Indicators)

블렌더는 사회적 데이터(social data) 및 행동 데이터(behavioral data), 인구통계(demographics) 등 다양한 데이터를 활용해 현재의 크라우드 펀딩 및 대출문제 해결, 금융 포용성 확보에 도움이 되고 있다. 지금까지 기존의 금융회사들이 접근하기 어려웠던 사각지대에 금융 접근을 가능하게 하고 발전상황을 모니터링하면서 지속적 개선을 꾀하고 있다. 그러나 우리는 이러한 사업을 진행하고 싶어도 마땅한 면허가 없다.

파라과이의 빈곤퇴치프로그램은 빈곤 스톱라이트(Poverty Stoplight)라는 설문 데이터를 활용해 개발도상국의 빈곤퇴치를 위해 노력 중이다. 빈곤 스톱라이트 설문은 스마트폰 또는 태블릿으로 실시되며 이를 통해 사람들은 빈곤에 대한 자가진단(self-diagnose)을 할 수 있다. 파라과이는 설문을 통해 각 가정의 빈곤 원인 패턴을 파악한 후 필요한 서비스 제공자(휠체어, 위생시설 관리 등과 관련된 비영리단체)와의 연결을 도와주는 역할을 한다. 과거에는 정부 또는 공공기관이 설문을 실시했다면, 빈곤 스톱라이트는 사람들이 직접 자가진단을 할 수 있게 함으로써 가정의 상황에 맞는 빈곤 극복 계획을 직접 설립할 수 있다.

파라과이는 자국의 기업 및 공장들과의 협업을 통해 국가의 빈곤을 없애기 위한 노력을 기울이고 있다. 현재 42개의 자국 기업들과 협업하고 있으며 국제기업들과도 협업을 하고 있다. 기업 내 빈곤을 겪고 있는 직원들은 설문을 통해 빈곤의 원인에 대해 알아볼 수 있으며 기업은 이 원인을 극복하기 위해 직원들을 도울 수 있다. 예를 들어 설문 결과 99%의 직원이 예금계좌가 없는 것으로 판단이 될 경우 기업들은 은행과의 협력을 통해 직원들이 계좌를 개설하는 데 도움을 줄 수 있다.

정부는 설문 데이터를 통해 더욱더 구체적으로 각 가정의 필요사항에 대해 조사할 수 있으며 빈곤 스톱라이트 응답자의 답변을 기반으로 한 지도를 통해 각 가정의 예방주사 여부, 출생 신고 여부, 영양부족 정보 등 다양한 정보를 알아볼 수 있고 이를 정책수립에 활용할 수 있다. 예를 들어 85%의 아이들이 출생 신고서를 보유하고 있는 경우 출생 신고서를 보유하지 않은 15%의 아이들이 어떠한 가정에서 비롯되었는지 파악할 수 있으며 이러한 가정들을 지원할 수 있는 것이다.

파라과이의 설립자 마틴 버트(Martin Burt)는 빈곤퇴치를 위한 정부의 역할은 한계가 있기 때문에 사회적 기업가는 지속적으로 정부와 소통을 통해 빈곤퇴치를 위한 해결방안을 제안해야 한다고 주장했다.

〈파라과이의 빈곤퇴치프로그램 실행 과정〉

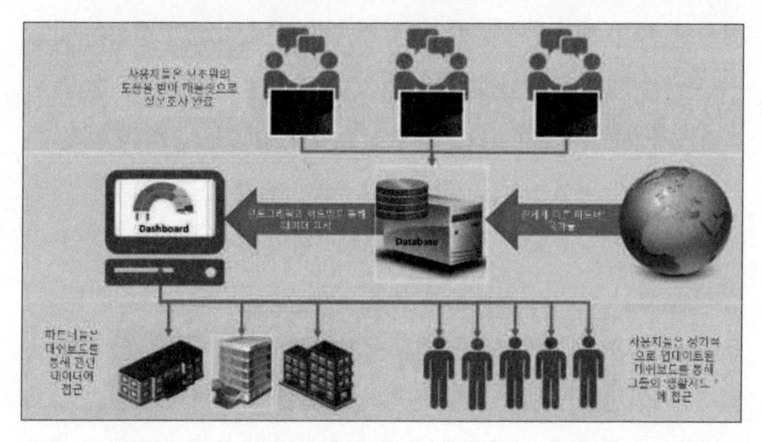

자료 : 트랜스미트 기업(Transmit Enterprise)

이와 같이 빅데이터는 어두운 곳을 밝히고 사각지대를 해소하면서 가치창출과 문제해결을 동시에 수행하고 있다. 빅데이터는 데이터를 통해 숨어 있는 연관을 찾아내는 작업이며 데이터 자체의 생산과 수집, 활용에 관한 사회적 공감대가 도출돼야 한다. 관련 이슈에 대한 일반 이해도 제고는 4차 산업혁명의 성공여부를 결정할 것이다. 데이터를 활용한 경제운용과 MRI를 통한 부실 발견 및 처방 등을 통해 우리경제의 병든 부문을 살리고 나아가 활력 있는 대한민국을 건설할 수 있다.

일례로 서울시 조사결과, 서울에서 3년 이내 폐업률이 가장 높은 업종 1위는 치킨집으로 나타났다. 원인은 우후죽순 생겨나는 치킨가게로 인한 경쟁 심화를 들 수 있다. 빅데이터를 활용하면 정보 부족으로 과거 한 군데만 치킨집이 북적이던 양상에서 벗어나 효과적인 비즈니스 배분이 가능해지고 위치정보를 기반으로 광고도 할 수 있게 될 것이다.

〈빅데이터 활용 변화 사례〉

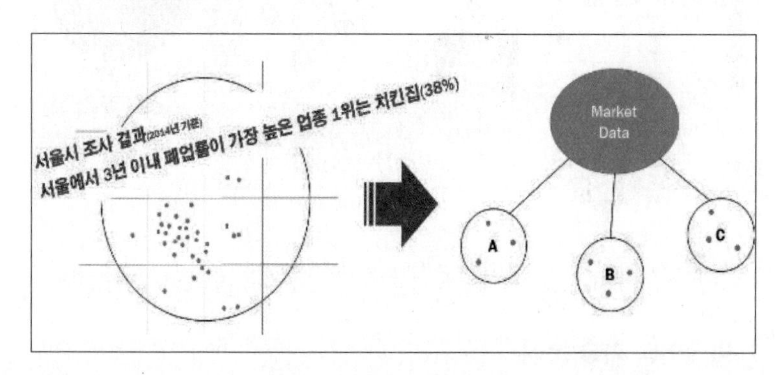

이를 바탕으로 빅데이터는 공공적인 시각에서 볼 때 사회문제를 해결하기 위한 유용한 도구다. 빅데이터 1.0시대가 고객 데이터나 영업 데이터, 금융기록과 같은 정형화된 지표를 분석하는 것이라면 빅데이터 2.0시대는 정형화된 데이터를 포함해 소셜 미디어, 모바일 데이터 등 비정형화된 데이터를 모두 활용하는 것을 말한

다. 지금은 3.0시대로 볼 수 있으며, 이 시대는 향후 네트워크와 클라우드 서비스를 통해 데이터센터에 저장된 데이터와 사물인터넷(IoT) 등으로 생산된 빅데이터 간의 연결성을 극대화할 것이다. 이를 기반으로 우리는 앞으로 경제의 적폐요소를 극복하면서 사회문제 해결을 주도하는 빅데이터 4.0시대로 나아가야 할 것이다.

〈빅데이터 활용의 시대별 변화 흐름〉

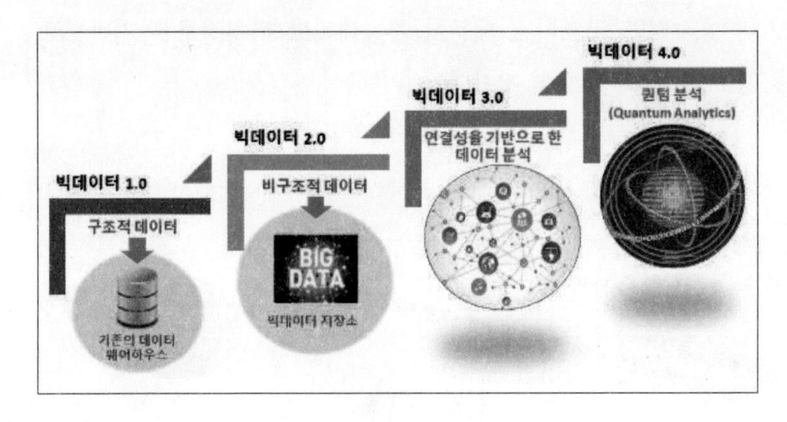

빅데이터 기술 분석

빅데이터 분석은 데이터를 수집, 저장, 관리, 분석할 수 있는 역량을 넘어서 대량의 정형 또는 비정형 데이터로부터 가치를 추출하고 결과를 분석하는 것을 말한다. 이 기술은 디지털 장비로부터 생산된 디지털 정보가 급증하면서 등장했다.

온라인과 오프라인에서 사용자의 행동특성에 관한 정보를 수집하려는 기업의 영업 목적도 빅데이터 기술의 또 다른 등장 이유다. 기업들은 쿠키, 비콘 등 고객의 컴퓨터에 인스톨된 추적용 프로그램의 수와 추적 능력을 활용해 각종 사용자 정보를 수집한다. 빅데이터 분석 기술의 핵심은 대규모 저장 용량이나 처리속도와 같은 하드웨어적 성능이 아니라 다양한 유형의 데이터를 정교하게 다룰 수 있는 금융 분석 알고리즘을 개발하고 이것을 지속적으로 보완하고 개선할 수 있는 소프트웨어적 역량이다.

그런데 빅데이터 분석 기술은 아직까지는 주로 마케팅 등 고객, 소비자 행동 패턴을 분석하는 용도로 많이 사용되고 있다. 금융 분야에서는 각 은행 및 증권사 점포가 위치한 지역 고객의 SNS 데이터 분석을 통해 해당 지역 고객이 선호하는 예금 및 보험, 금융상품을 개발한다. 유통 분야에서는 상품별 판매전략 구축을 위해 해당 지역 고객들의 SNS를 분석해 주력 판매 제품, 매장 구도 계획 등을 작성할 때 주로 빅데이터 분석 기술을 활용한다.

〈산업별 빅데이터 활용의 잠재적 가치(미국)〉

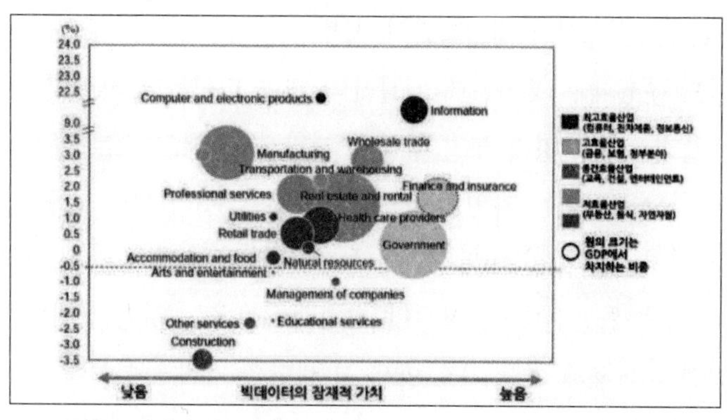

자료 : 맥킨지 앤드 컴퍼니(Mckinsey & Company), 2011.

빅데이터 분석 기술에 대한 열기는 뜨겁지만 이 기술을 효율적으로 활용해 원하는 수준의 금융서비스를 개발 · 제공하고 있는 사례는 아직까지 명확하게 드러나지 않은 상황이다. 시장조사업체인 인터내셔널 데이터 코퍼레이션(IDC)에 따르면 방대한 데이터 중 0.5%만이 분석되고 있으며 의미 있는 데이터를 추출해서 비즈니스에 이용하는 기업은 극히 일부에 불과하다. 시장에서도 대용량 정보 수집과 저장에 관한 기술과 하둡(High-Availability Distributed Object-Oriented Platform; HADOOP)과 같은 정보의 효율적 관리 플랫폼에 집중하고 있다.

빅데이터 분석 기술을 가장 많이 활용한 분야로는 고객 정보를 분석해 고객의 생활 패턴이나 소비성향을 예측하는 마케팅이나 대중 여론에 민감한 정치, 증권 등이며, 이중 증권 분야에서는 SNS를 분석해 주가를 전망하는 보조 자료로 활용하기도 한다. 미국의 소비지출 예측 시 소비자태도지수 설문조사 결과보다 구글의 '구글 트렌드(Google Trends)'를 이용한 결과가 더 정확하다고 한다. 런던의 투자기관인 '더웬트 캐피털 마켓츠(Derwent Capital Markets)'는 트위터 데이터를 분석해 파악한 시장 투자심리를 헤지펀드 운용에 사용하는데 매일 1억 개의 트윗을 분석한 후 이를 포트폴리오에 반영해 투자 상품을 개발한다. 뱅크 오브 아메리카(Bank of America)는 자영업자를 대상으로 한 자금관리 지원 상품을 개발하면서 소셜 네트워크를 통해 파악된 고객 성향을 반영하는 방법을 활용한다. 클라이밋 코퍼레이션(Climate Cops.)은 기후데이터를 이용해 이상 기후 발생 시 해당 농가에 보험금을 지급하는 기후보험(Total Weather Insurance)을 개발해 사용 중이다.

하지만 금융 산업에서의 빅데이터 분석 기술은 다음과 같은 몇 가지 관점에서 사전 검토가 필요하다. 첫째, 금융상품의 일반적 특징에서 비롯된 이유로써, 무형의 디지털 특징을 갖고 있는 금융 상품은 애초부터 컴퓨터에 저장된 디지털 형태로 존재했고 관련 분석 기법이나 시스템도 이전부터 디지털 형태로 존재했다.

특히 금융회사가 필요로 하는 것은 불특정한 대중들 사이에서 교환되는 비정형 데이터에 대한 추세적 분석이라기보다는 특정 고객에 대한 정밀한 분석일 것이다. 따라서 빅데이터 분석 기술 자체의 수요량에 대한 객관적 판단 또한 중요하다. 결과적으로 사업별 또는 전략별로 빅데이터 분석 기술의 활용목적이나 사용 방향을 먼저 설정한 이후에 세부 기술적인 사항을 검토해야 한다. 금융 산업에서 가장 빠르게 적용할 수 있는 분야는 다수의 단편적인 네트워크 패킷을 분석해 잠재적인 침입자를 가려내는 보안 분야일 것으로 전망된다. 위험사회 대응을 위한 기술의 진화와 집단 지성의 수단으로써, 또는 정보보호 침해사고에 관한 과학적인 분석 기법의 하나로써 빅데이터 분석 기술은 보안 분야에서도 요긴하게 사용될 것으로 보인다.

인공지능(AI), 머신 러닝(Machine Learning), 딥 러닝(Deep Learning)

과거와는 규모나 범위 면에서 질적으로 다른 데이터의 수집이 가능해지고 활용능력이 크게 늘어나면서 모든 연결은 다른 차원의 연계성으로 진화 및 발전하고 있다. 인공지능(AI), 머신 러닝

(Machine Learning), 딥 러닝(Deep Learning) 등은 데이터 기반의 지식활용 플랫폼으로 해석가능하다. 단순히 게임이나 로봇, 인공지능의 활용차원을 넘어서 사물인터넷(IoT) 세상에서 이러한 새로운 정보의 활용은 분명 지금까지 경험하지 못했던 미래를 보여줄 것으로 확신한다.

상상하지 못했던 숨어 있는 관계를 파악하고 활용해 실생활에 적용할 수 있게 하는 일련의 인공지능과 기계학습기술은 개인들을 전혀 다른 차원의 역할수행이 가능한 상태로 업그레이드시킬 수 있다. 사람의 뇌가 처리할 수 있는 데이터의 양보다 더 많은 데이터를 신속하게 분석할 수 있으며 이를 통해 행동 패턴을 종합하고 사용자에게 방향을 제시할 수도 있다. 이렇듯 인공지능을 사용함으로써 우리는 행동 패턴에 따라 발생할 수 있는 결과를 예측하고 의사결정 과정을 간소화할 수 있다. 미래에는 일반상식에 관한 일까지 인공지능이 쉽게 처리할 수 있을 것이다.

차임(Chime)의 맷 멀피(Matt Murphy) CEO는 향후 5~10년 안에 인공지능과 딥 러닝 기술은 오랜 시간에 걸쳐 하는 일을 로봇이 대신 처리하는 것을 가능하게 할 것으로 예측했다. 나라 로직(Nara Logics)의 설립자인 나단 윌슨(Nathan Wilson) 박사는 인공지능이 운전과 같이 익숙한 활동에도 혁명을 일으킬 것이라고 했다. 이처럼 여러 전문가들은 인공지능이 앞으로 우리 삶의 여러 부분에서 필수적인 도구가 될 것이라고 말한다.

알파고의 바둑 승리 사례로 더욱 각광받게 된 인공지능은 현재 전문가인 인간보다도 알고리즘적인 결정이 더 나은 결과를 보여주고 있음을 증명한다. 앤드류 맥아피 박사는 전문가와 알고리즘

결과를 비교 분석한 수 개의 논문 결과를 합쳐본 결과 전문가와 알고리즘의 성과가 비슷한 경우가 38%, 알고리즘의 성과가 나은 경우가 46%인데 반해 전문가의 성과가 나은 경우는 6%에 불과했다고 밝혔다. 또한 알파고가 이세돌을 이긴 바둑의 경우, 알고리즘이 인간이 생각하지 못한 수를 둬 이긴 것으로 파악된다고 밝혔다. 전문가들은 향후 10년 내에 인공지능이 플랫폼이나 애플리케이션의 변화를 주도할 것으로 예상하고 있다.

〈인공지능 시장의 성장세〉

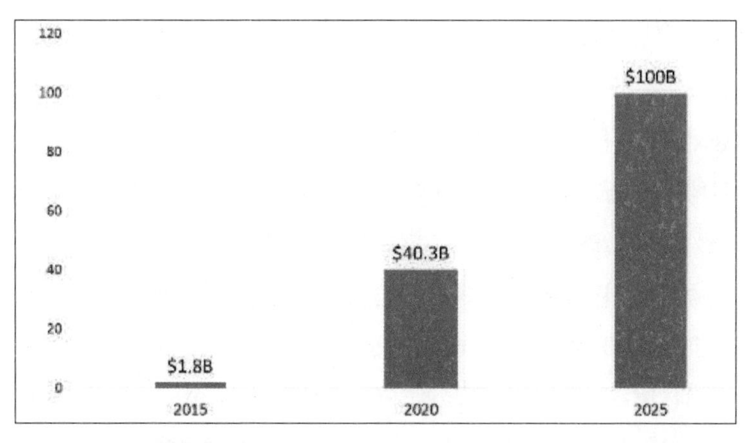

자료 : 소프트웨어 인사이더(Software Insider)

그러나 이러한 인공지능이 자연지능을 대체할 수 있는 것은 절대 아니다. 결정의 주체는 자연지능인 인간이고 인공지능은 이러한 결정을 도와주는 도구의 역할에 국한될 것이기 때문이다. 이는 인공지능이 대부분 인간의 초기훈련과정을 거쳐야 하기 때문이며 설사 자기학습만으로 훈련이 가능하다고 하더라도 무엇을 훈련시키는 가의 문제는 인간의 판단에 의존하기 때문이다.

이와 관련해 인공지능이 이미 영향을 주고 있거나 영향을 줄 것으로 예상되는 영역은 다음과 같다. 먼저 교통수단 부분에 있어 인공지능 시스템을 활용한 무인교통수단이 개발 중이며 의료 부분에서는 개인 모니터링, 모바일앱, 전자건강기록(EHR), 수술용 로봇을 통한 데이터 수집이 가능하게 될 것이다. 교육 부분에서는 교육의 개인화를 통해 한층 더 발전된 교육이 가능하도록 할 것이며 인공지능 기술의 도입으로 고용의 재분배가 발생하고 새로운 직업도 생겨날 것이다.

또한 홈서비스에서는 이미 청소기에 인공지능이 활용되고 있고 음악작곡이나 공연제작, 3D의 재현 등에서도 인공지능 기술이 사용되고 있다. 그리고 미국의 몇몇 정부기관에서는 국경관리와 법집행에 인공지능 기술을 사용하고 있다. 앞으로 인공지능을 통한 사회문제의 해결책 도출도 가능하게 될 것이다. 행정업무를 인공지능이 대신할 수 있게 되면 경영자는 업무를 더욱 빠르고 효율적으로 처리할 수 있으며 비용도 절감할 수 있을 것이다. 경영자들은 대다수의 시간을 행정 조직을 관리하는 데 할애하고 있는데, 인공지능을 활용하면 이러한 행정업무를 자동화시킬 수 있다. 데이터 분석과 이해, 전략개발 등을 통해 인공지능은 경영자가 결정을 내릴 때 많은 도움을 줄 수 있다.

금융 분야에서도 곧 현재의 금융상담사 역할을 인공지능이 대신할 것으로 보이며, 컴퓨터화된 시스템은 수많은 회사를 파악하고 개인의 SNS와 이메일 등을 모니터링해 개인의 가치와 투자위험 감수도를 고려한 후 투자 가능한 회사를 추천할 수 있을 것이다.

또한 인공지능 알고리즘을 활용한 금융 산업은 수천 개의 데이터를 통해 시장을 예측하고 주식시장 거래를 더 빠르게 진행될 수 있도록 할 것이다. 은행과 대출기관은 인공지능 시스템을 사용해 대출 지원자들의 리스크를 더욱 정확하게 파악할 수 있을 것이다. 가상의 어시스턴트를 통한 금융서비스가 가능해짐으로써 기존 은행의 지점이나 고객센터, 영업부서 등은 사라질 수도 있다. 보험 부문에서도 보험회사는 인공지능과 빅데이터를 통해 고객들의 건강과 활동 레벨 등을 더욱 자세히 파악해 정확한 보험료를 부과할 수 있다. 또 인공지능을 활용한 무인자동차의 개발을 통해 보험회사들은 충돌사고에 대한 보험을 더 이상 만들 필요가 없어질 수도 있다. 보험회사가 더 많은 데이터를 사용하며 다양한 분야에서 더 많은 자동화와 인공지능 기술을 사용할수록 산업은 더 많은 변화를 겪을 것이다.

컴플라이언스 분야에서도 인공지능 시스템을 활용하여 금융 감독을 가능하게 할 수 있다. 인공지능을 통해 증권거래 참여자 간 행동 패턴과 이상 거래 행위를 파악하고 감독할 수 있을 것이다. 홍콩상하이은행(HSBC), 도이치방크, JP모건(JPMorgan)과 같은 대형 은행에서는 이미 연간 10억여 달러를 투자하는 등 레그테크(Regtech) 부분에 대한 관심을 표시하고 있다. 국제금융협회(Institute of International Finance; IIF)는 레그테크를 사용함으로써 준법감시 업무를 효율적으로 처리할 수 있으며 새로운 회사가 시장에 쉽게 참여할 수 있다고 한다. 은행뿐 아니라 규제 감독기관에서도 레그테크에 대한 관심이 높다. 시스템 모델 구축과 시나리오 분석 및 예측, 데이터 수집, 고객 신원정보 확인, 금융시스템

감시 등에 중점적으로 활용될 것이다. 레그테크 기술은 금융시스템의 효율성과 투명성을 높일 것이며 금융 안정에도 기여할 것이다. 또한 레그테크는 시장 참여자들이 복잡하고 강화된 규제를 쉽게 이해하고 적용하게 함으로써 소규모 회사들이 시장에 적응하는 것을 편리하게 할 것이다.

〈인공지능(AI)에 관한 결과의 일곱 가지 범주〉

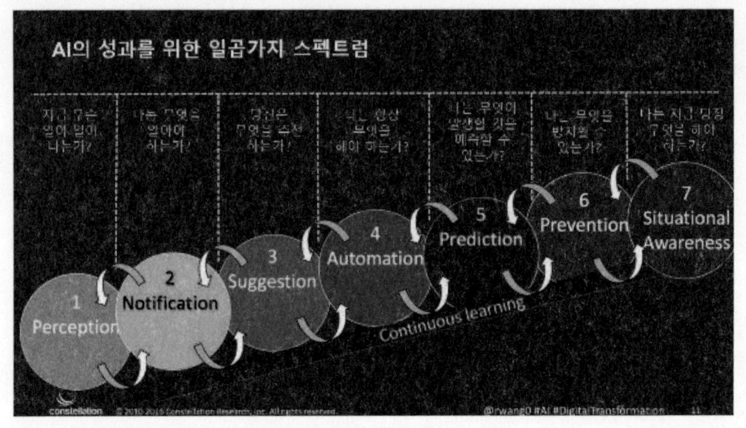

자료 : 소프트웨어 인사이더(Software Insider)

이러한 인공지능은 넓은 범위에 있어 인공지능 관련 기술을 포함하며 의사결정 나무(decision trees)와 머신러닝(machine learning) 등도 포함된다. 머신러닝은 컴퓨터가 학습을 통해 실행능력을 키울 수 있게 하는 것으로 머신러닝에 포함되는 딥러닝(deep learning)은 알고리즘으로 구성돼 있으며, 여러 층으로 구성된 신경망(neural networks)과 데이터를 통해 소프트웨어가 스스로 훈련을 할 수 있게 한다. 딥러닝은 음성인식, 이미지 인식 등에 사용된다. 신경회

로망(neural nets)은 사람이 컴퓨터 프로그램을 구성해 조정하는 방식이 아니라, 1조 바이트에 해당하는 데이터를 사용한 학습알고리즘을 통해 스스로 훈련하는 방식을 통해 데이터를 인식하고 분석하는 것으로 이는 데이터를 활용하여 학습하는 딥러닝을 통해 크게 발전할 수 있었다. 현재 상용화된 딥러닝 기술은 감독 학습을 통해 이뤄지고 있으며 비감독 학습을 통한 딥러닝 기술은 연구 중이다. 비감독 학습을 통한 딥러닝 기술은 데이터의 분류 없이 패턴 분석이 가능하며, 머신 스스로 학습을 할 수 있게 하는 것이다.

한편 인공지능 분야의 선도적 역할을 수행하고 있는 구글의 딥마인드(DeepMind) 연구진은 기존 컴퓨터 메모리와 신경망을 결합한 머신러닝을 만들었다. 구글은 관련 연구논문[18)]을 통해 머신러닝 모델인 미분 가능한 신경 컴퓨터(Differentiable Neural Computer, DNC)를 발표했다. 이에 따르면 기존 컴퓨터의 임의 추출 기억장치(Random-Access Memory, RAM)와 유사한 미분 가능한 신경 컴퓨터(DNC)는 외부 기억 매트릭스(external memory matrix)를 읽고 쓸 수 있는 신경망으로 구성돼 있다. 또한 미분 가능한 신경 컴퓨터(DNC)는 기존 컴퓨터와 같이 메모리를 사용해 복잡한 데이터 구조를 나타내고 처리할 수 있으며 신경망과 같이 데이터를 통해 학습을 할 수 있다고 한다. 미분 가능한 신경 컴퓨터는 지도학습(supervised learning)을 통해 자연어로 된 추론 문제들을 에뮬레이트[19)]하는 합성(synthetic) 질문에도 성공적으로 응답할 수 있다. 딥

18) 네이처(Nature), 역동적인 외부 기억 장치가 있는 신경 네트워크를 사용하는 하이브리드 컴퓨팅(Hybrid computing using a neural network with dynamic external memory), 2016.

19) 어떤 하드웨어나 소프트웨어의 기능을 다른 종류의 하드웨어나 소프트웨어로 모방하여 실현시키기 위한 장치나 프로그램.

마인드(DeepMind) 연구진이 만든 미분 가능한 신경 컴퓨터(DNC)는 신경망을 이용하여 기존에 호환성이 없었던 외부 데이터를 접속할 수 있게 해 이전의 지식이 없어도 지하철 노선에서 최단거리를 찾는 등의 문제를 풀 수 있다. 사람의 뇌와 같은 구조로 이루어진 신경망을 사용함으로써 복잡한 패턴을 빨리 추론할 수 있는 것이다. 또한 미분 가능한 신경 컴퓨터는 스스로 경기를 하여 성능을 개선하는 강화학습(reinforcement learning)을 한다. 이와 같이 미분 가능한 신경 컴퓨터는 지도학습과 강화학습을 통해 외부 기억장치 없이 복잡하고 구조적인 과제들을 해결할 수 있다. 현재의 인공지능 시스템에 이러한 미분 가능 신경 컴퓨터가 실제로 활용되기 위해서는 더 많은 메모리에 접속할 수 있어야 한다.

또한 최근 딥마인드(DeepMind)는 인공지능이 전이학습(transfer learning)을 통해 이전의 학습에서 배운 지식을 완전히 새로운 과제에 활용할 수 있도록 했다. 이전의 지식을 활용함으로써 인공지능은 새로운 과제에 새로이 신경망을 구축할 필요가 없으며 전이학습은 과제 이행의 질과 시간의 효율성을 높여준다. 전이학습은 신경망을 구축하고 학습하는데 있어 가장 큰 과제이며 딥마인드는 패스넷(PathNet)을 통해 이를 해결하기 위해 노력 중이다.

패스넷(PathNet)[20]이란 확률 그라디언트 하강(stochastic gradient descent; SGD)[21]과 유전 선발방법(genetic selection method)을 사용해

20) 패스넷(PathNet)은 학습을 하기에 앞서 모듈에 대한 정의가 필요함. 그 후 네트워크에 생성된 각각의 경로 평가를 통해 최적화된 경로가 파악되고 해당 경로를 통해 학습함. 학습과정을 거친 후 네트워크는 최적 경로의 모든 매개변수(parameters)를 결정하며 새로운 과제를 수행하기 위해 모든 다른 매개변수는 다시 초기화 됨.

21) 확률 그라디언트 하강(Stochastic Gradient Descent; SGD)은 반복 학습을 통해 최소값을 찾는 확률론적인 방법을 말함.

학습하는 신경망 네트워크를 뜻하는 것으로 여러 층의 모듈로 이뤄져 있으며, 각각의 모듈은 다양한 형태의 신경망으로 나타난다. 보다 발전된 형태의 패스넷(PathNet) 인공지능은 향후 고수익 추구를 위한 금융 분야의 분석 및 예측에 활용될 수 있으며 특히 향후 특화된 자산운용 부분에서 파괴력이 있다. 인공지능은 투자에 대한 의사결정 및 실제 트레이딩을 수행함으로써 투자수익을 창출하는 역할과 뛰어난 정보 분석력을 바탕으로 개인적 특성에 특화된 신용평가, 심사, 자문서비스를 동적으로 수행할 수 있다. 또한 금융거래 과정에서의 위법행위(fraud)를 감시하고 개인의 금융·은행 업무, 법규준수 관련 지원 역할도 할 수 있다. 이러한 인공지능은 앞으로 데이터베이스 규칙뿐 아니라 뉴스기사, 시장상황 등을 분석해 상품이나 서비스를 혁신하는데 사용될 것이며 앞으로 전문가들이 갖고 있던 지식을 기반으로 자동화될 것이다.

애플에서는 최근 논문[22]을 통해 합성(synthetic) 이미지를 사용해 인공신경망을 훈련하는 대신 시뮬레이션과 자율학습(Simulated+Unsupervised (S+U) learning)을 통해 분류되지 않은 데이터를 사용해 학습할 수 있는 새로운 방법을 공개했다. 시뮬레이션과 자율학습(S+U learning)은 대립쌍 구조를 사용하는 생성모델(Generative Adversarial Network: GAN)[23]과 비슷한 대립망(Adversarial network)을 사용하는데 확률벡터 대신 합성 이미지를 입력 값으로 사용한

22) 애플(Apple Inc), 대립망 훈련을 이용한 시뮬레이션과 자율 이미지를 통한 학습(Learning from Simulated and Unsupervised Images through Adversarial Training), 2016.

23) 대립쌍 구조를 사용하는 생성모델(Generative Adversarial Network: GAN)은 서로 대립하는 두 개의 네트워크를 만들고 대립 과정에서 훈련 타겟을 생성하는 방법을 알도록 학습시키는 구조를 말함.

다. 표준 GAN 알고리즘을 수정해 주석을 보존하고 훈련을 안정시켰으며 이를 통해 실제 이미지를 만들어낼 수 있다는 사실을 발견했다.

즉 패턴인식방식[24]에 적용한 인공지능은 금융 분야에서도 적용 가능한데 이 경우 수익의 배분이나 법적책임 문제 등의 문제는 아직 논의조차 안 된 상태다. 과연 자산가치의 소유자나 관리주체로써의 인공지능의 법적인 위치를 어떻게 규정할 수 있는지에 관한 문제도 해결돼야 한다. 무엇보다도 가치창출의 주체로 인공지능은 소비기반을 잠식해 모두를 불행하게 만드는 기제역할을 수행할 수 있음을 감지해야 한다. 공급과 수요기반의 괴리가 심화되면서 부(富)가 줄어드는 인간들과 부가 집중되는 소수 엘리트 간의 양극화는 인간 공동체의 파괴로 이어질 수 있다. 이는 단순히 과학적 호기심만으로 인공지능을 활용할 때 재앙을 초래할 위험이 있기 때문에 사회적 · 인간적 문제를 해결하는 수단으로써만 인공지능을 활용해야 함을 시사하고 이에 관한 공동체의 합의가 절대적으로 필요함을 일깨워주고 있다.

페이스북은 사용자 간의 대화를 통해 사용자의 신상정보 및 여가활동, 선호도 등을 파악하며 딥러닝 기술을 통해 페이스북이 보유한 많은 정보를 체계적으로 분리해 수량화하고 컴퓨터 분석에 활용한다. 딥러닝 기술을 활용한 대량의 사진 분석을 통해 사진이 내포하는 의미를 파악할 수 있으며 이 과정에서 딥러닝의 신경망은 단어 간 관계를 분석하고 문맥에 따라 단어의 의미가 어떻게

24) 패턴인식(Pattern Recognition)은 계산이 가능한 기계적인 장치(컴퓨터)가 어떠한 대상을 인식하는 문제를 다루는 인공지능의 한 분야로 주어진 데이터들을 어떤 기준에 따르는 특정 그룹으로 분류하는 것을 의미함.

변화하는지 이해할 수 있다. 페이스북은 딥페이스(DeepFace)를 개발해 사진에서 사람의 얼굴을 파악할 수 있게 했고 딥러닝 기술을 활용한 타깃 광고(targeted advertising)를 실행하고 있다. 페이스북은 딥러닝 시스템과 머신러닝 개발자들의 아이디어를 실험하며 인공지능과 딥러닝이 활용될 수 있는 분야에 대해 연구 중이다.

기존의 거대한 인프라와 참여가 제한된 소수의 인프라 그리고 당국 위주로 돌아가던 세상의 모든 것들이 순식간에 다수가 참여하는 플랫폼의 패러다임으로 바뀌고 있는 추세는 이제 부정할 수 없다. 이러한 변화의 배경에는 데이터가 자리 잡고 있다. 머신러닝이 더욱 발전하기 위해서는 어떻게 양질의 데이터를 확보할 것인지, 그리고 어떻게 생성 디자인 기술(Generative Design Technique)[25]을 더 발전시켜 데이터를 적용할 수 있을 것인지가 관건이 될 것이다. 문제는 어떠한 데이터가 누구에 의해 수집되고 누구를 위해 활용되는가에 관한 사회적 공감대가 형성돼야 한다는, 보다 중요한 문제에 아직 접근조차 못 했다는 점이다.

위에서 설명한 핀테크의 핵심 기술들은 실제로 4차 산업을 이끌어내는 도구다. 다만 변화가 광범위할 뿐만 아니라 본질적 차원의 변화이므로 금융 분야에 국한된 변화라기보다는 산업전반의 변화로 인식하고 나아가서는 인간사회의 여러 부문에 대해 다시 한번 검토해야 하는 기폭제 역할까지 예상할 수 있다. 특히 4차 산업혁명은 사이버 보안과 국제적 관계의 위험 확률과 위험성을 증가시킨다. 다만 4차 산업혁명은 투자를 촉진할 수 있으며 이를 통해 많은 이점을 이끌어낼 수 있다. '유연성(Flexibility)' 은 4차 산업혁

25) 컴퓨터가 스스로 만드는 최적의 디자인.

명의 성공을 이끄는 매우 중요한 요소다. 노동시장, 교육 시스템, 인프라 그리고 법률 제도의 유연성을 기반으로 한 경제는 4차 산업을 통해 많은 이점을 가질 것으로 예상된다.

특히 인식기술을 통해 스마트봇(smart bots)과 슈퍼컴퓨터(super computer)로 작업처리가 가능해지면서 노동시장에 큰 변화가 있을 것으로 예상된다. 인공지능은 소프트웨어 알고리즘을 활용해 정보를 분석하고 추출하며 스스로 학습을 통해 문제의 요점을 추론하고 해결한다. 디지털 시스템을 통해 회계 감사, 법률 상담, 의학진단 등 다양한 사무직의 작업을 대신 처리할 수 있을 것이다. 또한 인식기술은 육체노동뿐 아니라 지식과 추론을 통해 수술이나 금융분석 등 복잡한 업무도 처리할 수 있다.

산업의 변화로 인해 선진국들은 많은 이점을 가질 수 있겠지만, 미숙련 노동자가 많은 개발도상국의 경우 기술 발전에 따른 미숙련 노동자에 대한 수요가 낮아짐에 따라 직면하는 도전과제가 발생할 것이다.

최근 인공지능의 발전은 인간을 대체하는 경향이 있는데 대표적으로 트럭운전수, 민원처리 담당 직원, 의사 등의 직업은 상당수가 대체될 것으로 예상되고 있다. 오토데스크(Autodesk)의 경우에도 상당수의 민원을 기계음성이 자동적으로 분석해 응답하고 있는데 상당한 만족도를 보이고 있는 것으로 평가되고 있다고 한다. 이미 중산층 노동력의 파괴현상이 나타나고 있으며 이러한 파괴현상은 개인의 차원에서 벗어나 회사 차원에서 그리고 산업적인 차원에서 일어나기 시작했다. 시간당 생산성이 지속적으로 증가하고 있음에도 불구하고 중산층의 실질소득은 정체돼 있거나 감소하고 있다는 측면을 보면 단적으로 알 수 있다(Great Decoupling). 아세모글루와 레스트레포(Acemoglu & Restrepo, 2017)는 로봇 한 개가 6.2명의 인력을 대체하며 천 명당 한 개의 새로운 로봇이 투입되면 임금이 0.73% 하락한다고 추정했다.

전문가들은 이 문제에 대해 동의하며 해결책이 필요하다고 하지만 몇몇 다른 전문가들은 인공지능이 여러 일자리를 자동화시켜 수많은 사람들이 실직할 수 있음을 부정하기도 한다. MIT 객원교수인 호세인 라나마(Hossein Rahnama) 박사는 일자리의 구조는 변하겠지만 인공지능이 모든 일자리를 대체하지는 않을 것이며 인공지능이 지식기반의 경제를 만들어 더 나은 삶을 구축하는 데 영향을 미칠 것이라고 했다[26]. 따라서 신흥시장의 경우 미숙련 노동력을 자동화시킴으로써 산업의 발전을 촉진하며 인공지능 등을 활용한 고도의 연결성을 통해 더욱 발전하기 위해서는 정보기술 인프라의 구축이 더 필요하다. 인공지능이나 기계학습의 영향을 덜 받을 직업을 꼽자면, 창의성이 필요하며 복잡다단한 대규모의 문제 해결을 요구하면서 현재의 기계학습 시스템을 적용하기 어려운 직업일 것으로 평가된다. 중장기적으로도 영향을 덜 받을 직업은 대인관계가 포함된 직업들로 코칭, 자문, 동기부여, 양육 등이 꼽힌다. 미래의 인류에게는 창의성과 잠재적 사고 능력이 매우 중요해질 것이다.

에릭 비욘욜프슨(Erik Brynjolfsson) 박사는 앞으로의 시대는 기술이 정신적인 의사결정 등의 변화를 초래하는 시대가 될 것이며 이

---

26) 호세인 라나마(Hossein Rahnama), 스타트업이 새로운 인공지능 생태계에서 기존 기업들을 앞지를 것(Startups will overtake enterprises in the new AI ecosystem), 2016.

는 현재 컴퓨터, 소프트웨어, 빅데이터, 인공지능 등이 주도하고 있는데 아직까지 인류와 보완관계인지 대체관계인지는 불명확한 상황인 것으로 평가했다. 기계는 인간이 제공한 코딩에만 따를 뿐 프로그래머가 말할 수 없는 작업은 수행할 수 없다는 한계가 있어, 비반복적인 업무를 대체할 수 없다는 시각도 있다. 노동의 가치가 없어질 것이라는 비관론이 존재하고 있긴 하지만 여전히 인간이 수행해야 할 부분이 많이 존재하고 있는데 예를 들면 대인관계와 관련되고 사회적인 측면, 장기간 창의적인 측면, 문제 프레이밍과 문제해결 측면(필요한 질문이 무엇인지는 인간이 안다고 전제), 기업가적 측면 등의 다양한 역할은 인간만이 수행할 수 있다고 평가된다. 그러므로 사회가 인공지능 및 기계학습의 발전에 가장 크게 영향을 받을 수 있는 작업, 직업, 산업이 무엇인지를 파악해 대응 방안을 마련하는 것에 대해 고민할 필요가 있다. 이러한 변화가 생산성, 성장성, 불평등, 노동과 여가생활 등에 어떠한 변화를 가져올 것인지 또 이점과 기회는 극대화하되 피해와 위험은 최소화할 수 있는 정책은 무엇인지 그리고 이를 통해 인류가 궁극적으로 만들어 나가려는 사회의 모습이 무엇인지를 고민해야 할 것이다.

인공지능의 분야를 소개하면서 인공지능과 자연지능의 경계를 분명히 할 필요성을 절감한다. 이는 소비주체와 결정주체로서의 인간의 역할마저 위협하는 인공지능의 역량에 관한 논의라기보다는 인간의 연장으로써, 도구로써의 데이터 활용방식에 관한 이해로 받아들여지는 것이 바람직하다. 모든 경제활동이 로봇으로 대체될 경우 소비주체의 근원인 소득 흐름은 재정 이전 지출 외에 기대하기 어렵다. 결국 로봇이 벌어들이는 수익이 세금을 통한 재정지출로 변환돼야 경제선순환이 이어질 수 있으므로 인공지능 적용은 인간을 주도로 이뤄지는 생태계의 영위를 위한 도구의 역할에 국한시켜야 한다. 또한 비용만 강조하는 기업가 정신이 아니라 인간 공동체로서의 경제활동의 선순환을 이어가는 측면에서 기술적 요소 활용이 강조돼야 한다.

괄목할만한 발전에도 불구하고 인공지능 분야가 시사하는 바는 모든 결정의 주체가 여전히 인간이어야 한다는 점이다. 결국 인공지능 분야의 성과는 인간처럼 생각하고 판단하는 기능을 프로그램과 데이터를 통해 흉내 내는 도구일 뿐 법적 책임을 질 수 있거나 사회적 책임을 감당할 수 있는 인격체로 절대 되기 어렵다. 만약 이러한 인격체로서의 법적 권한이 주어진다면 상당한 사회적 혼란이 불가피하다. 따라서 아무리 인공지능 기술이 발전되더라도 결국은 인간의 제반 활동을 지원하는 역할에 활용되어야 하며, 이러한 기술이 인간을 교묘하게 통제하는 수단이나 경쟁 제한적 수단으로서 악용될 수 있는 위험에 대해서는 항상 경계를 해야 한다.

4장
데이터 활용이 어려운 대한민국의 현실

시스템 차원의 문제

우리는 우리만의 고질적인 애로사항을 갖고 있다. 그리고 이는 빅데이터 활용뿐 아니라 우리나라 사회경제 전반에 영향을 미친다. 대기업 위주의 산업구조와 수출위주의 성장패러다임, 중앙 통제적 사회지배구조, 중후장대산업의 주도적 시장위치, 분열된 사회자본과 과도한 지역기반의 신뢰로 인해 민간주체들의 시장기반 연관 정도가 낙후돼 있다. 우리는 도시집중현상, 심화된 양극화, 고착화된 사회지배구조 등으로 인해 다양한 연결 자체가 어려운 구조이다.

앞으로 다가올 거대시장의 스마트 센서(Smart Sensor) 역할은 다수의 민간이 주도해야 하지만 우리의 시장 신뢰는 여전히 전통 인프라(legacy infra)와 기득권 위주로 편중돼 있다. 또한 사회적 공감대를 형성할 주도계층이 폐쇄적 자세를 견지하고 있으며 개방과 협업에는 소극적인 자세를 취한다. 정부의 과도한 시장지배력 또한 민간 기업 간의 신뢰 기반을 제한적으로 만듦으로써 정부는 미래 변화의 준비주체가 되기 어렵다. 미래는 모든 참여자들이 변화를 포착하고 스스로 변화해야 적응이 가능한 환경일 것이기 때문이다.

〈연결을 가로막는 레거시(legacy) 문제들〉

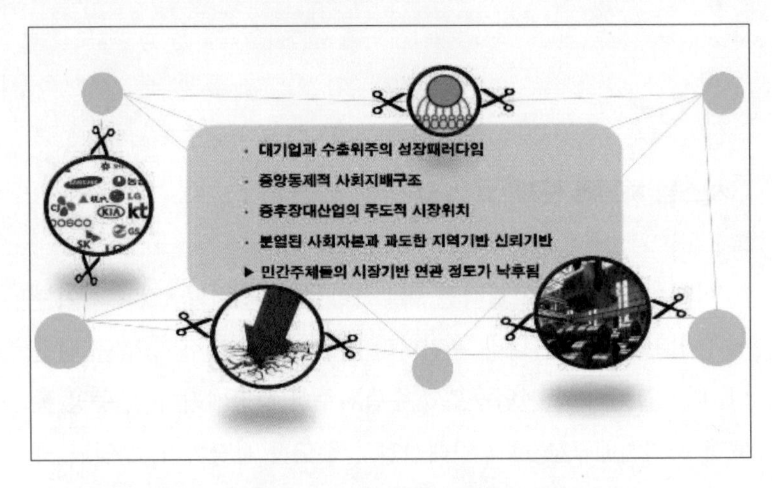

그럼에도 불구하고 다수의 정부산하기구가 주도하는 데이터 관련 지배구조에 따라 데이터가 제한적으로 순환되고 있다는 점을 지적하지 않을 수 없다. 이 같은 점은 데이터가 민간에 유통돼 활용되는 것을 어렵게 만들고, 스타트업들과 연결되기 어려운 구조를 낳았다. 우리는 정책 위주의 공급자 중심 프레임에 갇혀 있기

때문에 시장 흐름을 민간 스스로 파악해서 스스로 제공할 공간이 협소하다. 관 주도의 경제패러다임이 자리 잡으면서 여전히 리더십 역할은 관료집단의 몫이며 민간들의 창의성과 자발적 의지는 생존에 필요 없게 됐다.

핀테크 벤처들도 정부주도 육성으로 답보상태에 빠져있다. 신규 핀테크 업체들이 정작 필요로 하는 법규나 규제 가이드라인, 고객파악제도(Know Your Customer; KYC)-돈세탁방지(Anti-Money Laundering; AML) 등 법규준수 서비스나 데이터 활용 관련 지원은 찾아보기 어렵다. 대신 시행령 위주의 대응책, 양해각서(MOU) 체결, 창업지원 노력만이 강조되고 있을 뿐이다.

부동산 종합정보, 전국 상가, 상권정보, 진료, 투약, 건강정보 등 국민 실생활 관련 10대 분야 대용량 데이터 집중 개방을 통한 '국가 중점 데이터 개방 계획'과 영국 오픈데이터연구소(Open Data Institute)와의 산업연수 추진 등 해외 선진국들을 따라가고는 있지만 이는 시장 인센티브, 시장수요 변화와는 밀착되지 않은 탁상행정일 뿐이다.

정책처방의 수급구조는 질적으로 변화했다. 이제는 단순한 수급위주의 시장구조가 아니라 모든 것이 연결된 다면적 시장이다. 이를 무시한 일방적 '퍼주기식' 처방은 소모적인데도 여전히 증상완화적 단기 처방 이외의 대안을 못 찾고 있다. 사업 환경의 불확실성을 제거해 주는 것이 4차 산업혁명시대에 정부의 역할임에도 핀테크 업체들이 원하는 법규나 규제 가이드라인, 데이터 활용 관련 지원 없이 자금만 대고 있다.

또 각 부처는 자기 부처에서 파악한 문제를 정의하고 이를 해결하는 데에만 초점을 맞춰왔다. 지금의 행정시스템으로는 전체를 볼 수 있는 포지션이 없다. 각자 열심히 하지만 '연결된 세상에서 분열된 처방' 으로 일관하기 마련인 것이다. 개인정보보호에 관련된 정부 부처와 하위 법률의 현황만 봐도 우리가 얼마나 분열된 처방으로 일관해 왔는지 알 수 있다. 피라미드처럼 쌓아 놓은 규제와 여러 갈래로 뻗은 법체계는 변호사의 도움 없이는 '사업허가를 누구에게 어떻게 얻어야 하는지' 를 파악하기 어려운 상황을 낳았다.

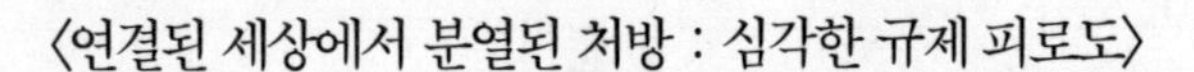
〈연결된 세상에서 분열된 처방 : 심각한 규제 피로도〉

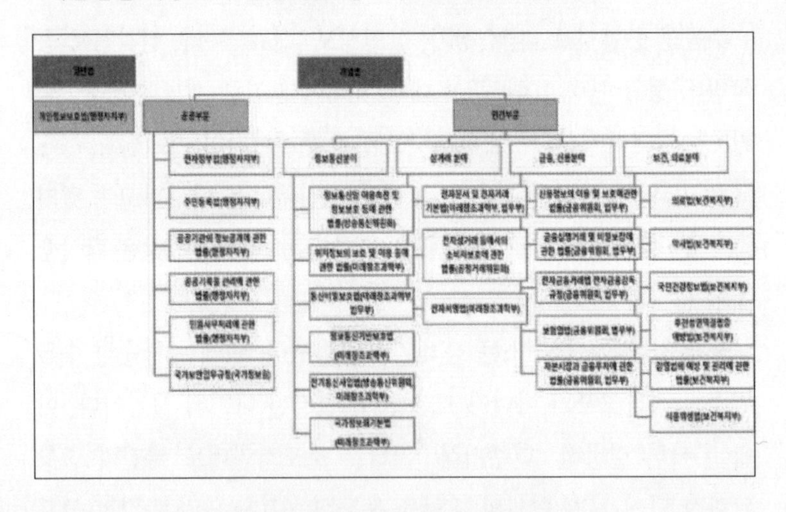

게다가 우리가 지금까지 해온 대상에 대한 면밀한 데이터 분석 없이 장님 코끼리 만지는 듯한 정책 노력은 사회경제문제를 해결하는 효과를 발휘하지 못했다. 증상 위주로 단기처방이 우선시 되다 보니 원인분석은 뒷전으로 밀린 셈이다.

설사 분석이 있더라도 공급자의 책상머리에서 이루어져 당사자들의 상황과 괴리를 보이고 있다. 해외기관의 모방에만 주력하면서, 보다 근본적인 협업체계나 신뢰 기반 구축과 같은, 시간이 오래 걸리지만 중요한 공감대 형성과정은 생략하기 일쑤다. 그에 따라 데이터 활용도 어렵고 신규 시장의 진입을 위한 규제 관련 가이드라인도 부재하며 기존 거대참여자들의 과점적 시장포지션으로 인해 미래를 예측하기 어려운 생태계로 방치되는 현상이 지속되고 있다.

일례로 2016년 11월 소액해외송금업 공청회 당시에도 진입장벽을 낮춰달라는 업계와, 소비자보호가 우선이라는 정부당국의 의견 차이가 있었다. 업계에서는 해외송금업을 위해서는 해외업체와의 파트너십이 중요한데 진입장벽을 높이면 등록이 어려울 것이고 파트너를 구하기 어려워 시장이 음성화될 가능성이 있으므로 가능한 한 시장 진입장벽을 낮춰 공정한 경쟁을 유도해야 한다고 했다. 또한 자본금 요건을 낮출 수 있도록 전산설비 구축 대신 클라우드 활용 가능성을 제기했다. 그러나 금융감독원에서는 소비자보호가 우선 과제며 전자금융업자에 준하는 자본금과 수억 원대의 전산 설비를 갖춰 소비자 정보보호 시스템과 소비자 분쟁 가이드라인도 마련해야 할 뿐만 아니라 자금세탁방지를 위한 규제도 철저히 지켜야 한다고 했다. 자금세탁방지를 위한 외환전산망 보고의무 부과 및 고객확인의무 요건 부과, 외국환거래법 개정을 통한 규율 및 자본금 요건, 전산설비와 전문 인력 등을 요구했다. 핀테크 업체 입장에서는 진입장벽이 높아 사업 시작에 어려움을 실감한 사례였다.

또한 우리는 시장 신뢰 구축에 실패했음을 솔직히 인정하지 않을 수 없다. 과거 개인정보 유출에 대한 사회적 비판이 거세질 때마다 우리 사회는 지나칠 정도로 시장 전체를 대상으로 한 법적 조치만 강화해왔다. 이는 결국 사전 동의(opt-in)[27] 제도를 통해 소비자의 책임으로 전가됐고 더욱이 정부는 시장교란 요인에 대해 솜방망이식 규제로 일관하면서 시장의 불안요소를 관리하지 못했다.

처방 자체도 편파적이고 중복적인 측면이 강했으며 실패에 대한 징벌적 성과보상체계로 모두가 움츠러 들어있다. 즉 공무원들은 책임을 지지 않으려는 인센티브가 강해져서 개별적인 규제와 법적 보호막만 강조되고 연결된 시장 상황에 노출된 잠재적 참여자들의 입장은 간과됐다. 아무도 책임지지 않는 여건은 시행령과 무제재확인서(No action letter)로 이어지면서 결국 납세자들에게 필요한 서비스를 공급하는데 가장 큰 걸림돌로 작용하고 있다. 이러한 무사안일주의와 자리보전주의에 빠진 우리 사회는 급변하고 있는 4차 산업혁명의 기술 환경을 파악하기 어렵게 만들고 있다. 하루가 멀다 하고 새로운 기술, 새로운 이슈들이 생성되고 있는데 수직적이고 분열적이며 움츠러 들어 있는 우리 사회의 시스템은 그를 따라갈 수가 없다.

---

27) 사전 동의(Opt-in, 옵트인)는 당사자가 개인 데이터 수집을 허용하기 전까지 당사자의 데이터 수집을 금지하는 제도를 의미함.

데이터 활용 자체의 어려움

〈모바일 트래픽 세계 1위, 데이터 보고(寶庫) 대한민국〉

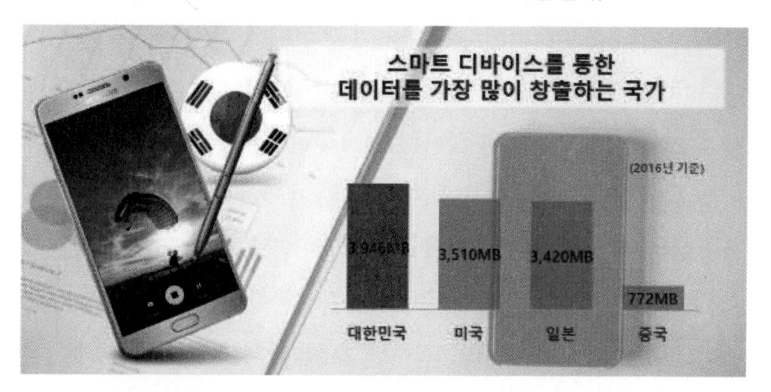

자료 : 시스코(Cisco)

우리나라는 모바일 인구가 4,400만 명으로 인구의 87%를 차지하고 있으며 국가 모바일 트래픽 글로벌 1위로 스마트 디바이스를 통한 데이터를 가장 많이 창출하는 국가다(시스코(Cisco), 2017). 2016년 기준 사용자 1인 당 월간 모바일 이용 트래픽은 3,946메가바이트(MB)로 일본의 3,420메가바이트(MB), 미국의 3,510메가바이트(MB), 중국의 772메가바이트(MB), 영국의 1,520메가바이트(MB), 스페인의 1,091메가바이트(MB), 인도네시아의 525메가바이트(MB)에 비해 확고한 1위를 차지하고 있다. 한국인이 사용하는 데이터는 매달 5,900만 편의 영화를 보고 1초에 6억 4,700만 건의 메시지가 오가는 양에 해당한다.

이렇듯 우리나라는 데이터 생산대국임에도 불구하고 스타트업들이 주도하는 데이터를 활용한 사회경제문제 해결은 거의 이뤄지지 않고 있다. 왜 우리는 그들처럼 못하는 것일까? 데이터는 분명 많이 구축됐는데 왜 활용이 안 되고 있을까?

그 첫 번째 이유는 쓸만한 데이터가 공개돼 있지 않기 때문이다. 이에 우리는 공공데이터 응용프로그램 인터페이스(API)를 통해 데이터가 잘 공개되고 있다는 반론이 제기될 수 있다. 일례로 얼마 전 우리나라가 세계 공공데이터 평가에서 5위를 차지했다는 이야기를 들었을 것이다. 하지만 그 내용을 자세히 들여다보면 외형적 개방도는 선진국 수준이지만 평가항목 위주의 설문을 질적으로 재조명해보면 상당한 문제점이 있음을 알 수 있다. 즉 준비도 측면이나 활용도 측면에서의 점수만 보면 세계 1, 2위를 다투어야 하지만 개방도가 낮아 그 시너지 효과가 일어나지 못하고 있음을 알 수 있다.

〈세계 공공데이터 평가 5위, 현실은?〉

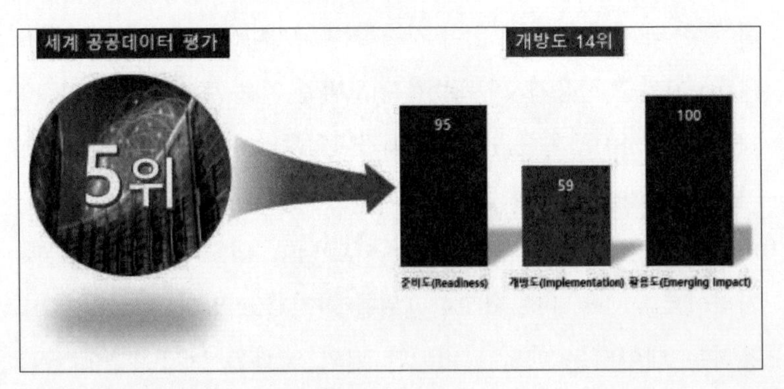

자료 : 오픈 데이터 지표(Open Data Barometer), 2016.

게다가 소비자의 데이터를 보유한 각 금융사가 데이터 곳간을 닫아 두고 있다. 금융권 오픈 플랫폼에서 제공하는 응용프로그램 인터페이스(API)는 5종으로, 그마저도 16개 은행의 계좌 잔액, 거래 내역 등 기초적인 정보에 불과하다. 실례로 에프앤가이드(Fn Guide)나 와이즈에프엔(WISEFn) 등이 데이터를 활용한 신규서비스를 개발하려 해도 카드회사 등의 데이터 공개 기피로 사업화로까지 진행되기가 어려운 실정이다. 위치정보를 기반으로 하는 사업들이 많음에도 이 또한 공공데이터로 공개돼 있지 않아 신사업 개발에 어려움을 겪고 있다. 데이터의 주인은 소비자인데도 불구하고 응용프로그램 인터페이스(API)를 통해 금융사의 데이터를 끌어오려면 금융결제원에 과도한 비용을 지불해야 한다. 이러한 상황 속에서 우리나라 대부분의 기업은 방대한 데이터를 결합하거나 분석해본 경험도 부족한 실정이다.

〈SoLoMo 서비스 창출의 어려움〉

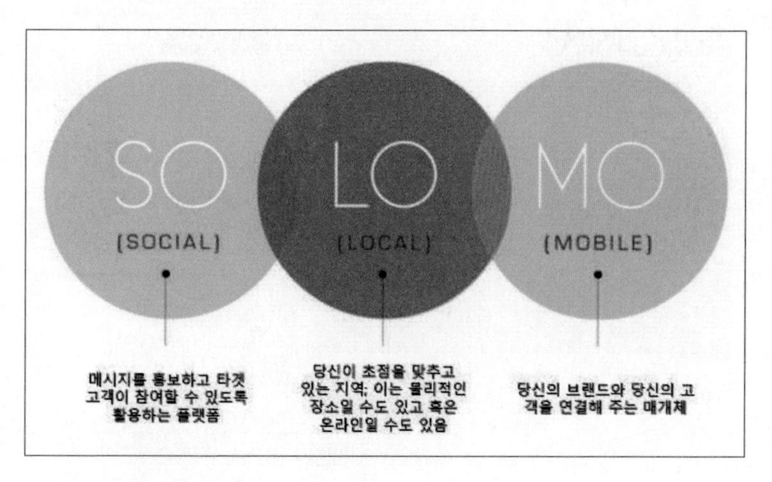

자료 : 비주얼리(visually)

그리고 우리나라에서 현재 시행되고 있는 개인정보보호법과 분야별 개별법에 의한 이용자의 정보관리 및 보호는 엄격한 사전고지와 명시적 동의라는 조건이 부여되어 개인정보의 임의적 이용을 제한하고 있기 때문에 빅데이터 등 신산업 육성이 어렵다는 주장이 있다. 주민번호를 개인 식별 수단으로 사용하도록 하는 문제 또한 걸림돌이 되고 있다. 빅데이터 활성화를 위해 우선적으로 고려해야 할 사항은 빅데이터 활용과 개인정보보호 관련 법률 간의 상충점을 해소하는 것이다. 광범위하면서도 일관성을 유지하는 정교한 법규 체계가 정비돼야 할 것으로 보인다.

5장
4차 산업혁명의 가치를 창출하라

데이터가 흐르도록 하자

앞에서 살펴봤듯이 현재 우리는 정부부처별로 관리되는 생태계에서 공급자 위주의 패러다임이 지속되며 데이터의 활용과 보관, 관리가 상당히 분절돼 있다. 또한 고령화, 은퇴인구의 증가, 양극화 심화가 초래한 데이터 접근의 불평등 및 소외계층의 편향적 분리 또한 소외로 인한 보이지 않는 악용과 줄어드는 혜택 등 어려운 현실에 직면해 있다. 이로 인해 데이터의 주인과 상관없이 데이터를 활용하려면 데이터 수집 주체에게 비용을 지불하고 자기 데이터를 되사야 하는 형국이다. 즉 플랫폼도 자기 성 쌓기 식 기득권 중심의 폐쇄적 운영으로 고객과 소비자가 존중받는 환경을 조성하는 데 실패하고 있다.

따라서 데이터 활용을 위해서는 데이터 소유권과 활용 그리고 데이터 보관과 관련된 전반적인 가이드라인 마련이 필수적이다. 데이터 관련 개방적 포용 정책 없이는 신성장 동력을 확보하기가 불가능하기 때문이다. 그리고 이러한 데이터 관련 서비스는 정부나 정부 관련기관이 주도하기보다는 새로운 민간 참여의 기회로 활용할 필요가 있다.

결과적으로 우리가 4차 산업혁명에 대비하려는 노력이 가시화되지 못하고 있는 가장 중요한 이유는 민간의 자유로운 흐름을 가로막는 적폐요소들이 산재해 있기 때문이다. 이러한 요소들이 먼저 해결되지 않으면 빅데이터 4.0 시대 또한 소수에게만 기회가 주어지고 그래서 더욱 양극화가 심화되는 '기존 프레임 내'에서의 작은 변화로 그칠 것이다. 분명 과거 고도성장에 효과적이었던 성장패러다임과 사회지배구조는 더 이상 유효하지 않다. 지배구조가 개선되지 못하면 4차 산업혁명에 필요한 노력 자체를 현실화하기 어렵다. 결코 쉽지 않은 도전이다.

이러한 어려움에 갇힌 현실을 타파하기 위해서는 정부, 민간, 기술이 하나 되어 민간과 기술은 데이터 활용을 통한 플랫폼을 구축하고 정부는 플랫폼 생태계 조성을 위한 규제와 감독체계를 구축해야 한다. 즉 4차 산업혁명의 가치창출을 통해 현실 문제를 해결해야 하며 또 국가 성장 도약의 발판을 마련해야 할 것이다.

〈4차 산업혁명의 가치창출을 위한 민관협업 기반 팀플레이가 중요〉

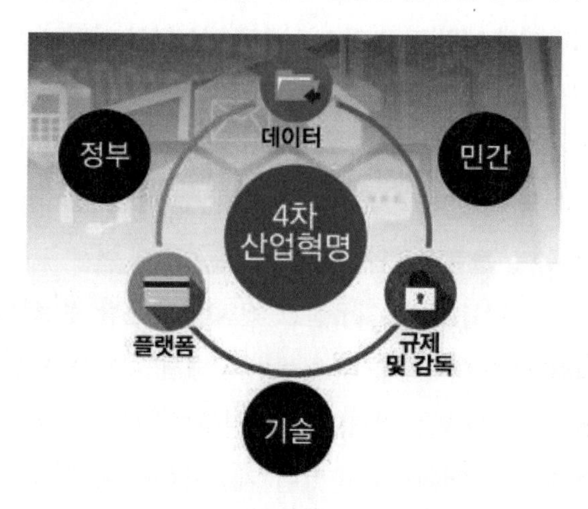

돌파구를 마련하는데 필요한 변화의 첫 발은 질 좋은 데이터의 광범위한 활용이다. 실제로 빅데이터는 4차 산업혁명의 핵심연료다. 그러나 현재 우리는 제한적 데이터 개방, 데이터 표준화 미흡의 문제와 데이터 품질의 정비, 기존 통합플랫폼의 재사용에 대한 과제를 안고 있다. 우리나라에서도 국가과학기술지식정보서비스(NTIS), 특허정보검색서비스(KIPRIS) 등 공공기관의 데이터 분석 및 가공 서비스가 이루어지고 있으나 그 활용주체가 연구자 특허 전문가, 전문 업체 등으로 한정되어 있다. 관련 부처가 고이 모셔 놓은 주요 데이터들을 적법한 사용 가이드라인의 공표와 더불어 공개해야 한다. 우선 지금 수준의 공공데이터 개방을 넘어선 모든 중앙 및 지방 정부와 관계 산하부처 및 유관기관이 독점하는 주요 정보를 다 공개해야 할 것이다. 그리고 이를 바탕으로 민간데이터의 개방도 점차 이루어져야 할 것이다.

그동안 우리가 데이터 축적에 노력을 기울여 왔다면 앞으로는 데이터 품질관리와 개방 절차 정비를 통해 데이터의 신뢰성 및 편의성 확보가 필요하며, 나아가 이용자가 직접 데이터를 가공 · 관리할 수 있도록 데이터를 표준화하고 기술적 지원도 이뤄져야 할 것이다.

미국과 영국 등 선진국은 '정보'를 공개하는 데 그치지 않고 정보를 엮어주는 '플랫폼'까지 오픈소스로 개방해 이를 활용한 다른 플랫폼과 데이터를 더욱 자유롭고 긴밀히 연동할 수 있게 했다. 우리나라의 경우 데이터를 내려 받기 위해서 로그인 절차를 거치거나 약관 동의 과정을 거쳐야 하며 일부는 별도 데이터 요청 작업을 거쳐야 하는 번거로움이 있다. 제공되는 데이터의 규격과 분류를 체계적으로 구성하고 편집, 활용이 용이한 공개 포맷으로 만들어 사용자 편의성을 확보하고 연결된 데이터 기술을 활용해 이용자들의 정보 활용을 적극적으로 장려할 필요가 있다.

〈시장이 필요로 하는 데이터 공개가 빅데이터 4.0의 시작〉

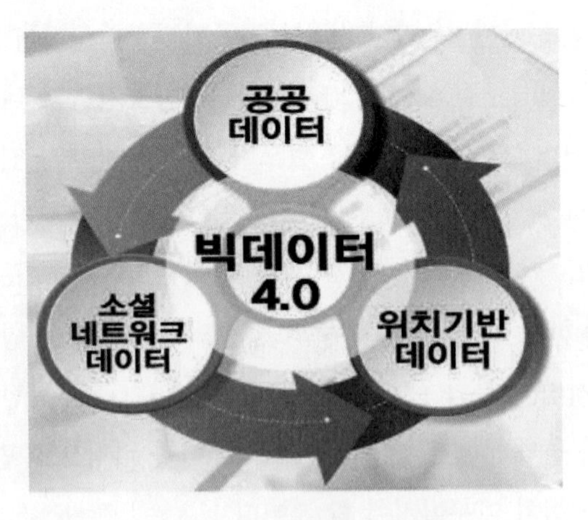

물론 데이터가 있다고 해서 문제가 해결되는 것은 아니다. 그러나 데이터를 활용하면 사각지대를 비추는 빛의 역할은 할 수 있다. 즉 데이터를 분석해 숨은 폐단을 찾아내고 처방을 제시할 수 있는 것이다. 데이터를 통해 우리도 사이즈업(SizeUp)과 블렌더(Blender)가 하고 있는 것처럼 지금까지 달성하기 어려웠던 지역경제 활성화와 서민금융정책수립, 양극화 해소 등의 실마리를 찾을 수 있을 것이다. 기득권과 공급자 위주의 경쟁 제한적 규제와 과거의 낡은 패러다임은 이제 새로운 시도를 모색하는데 걸림돌이 되고 있다.

데이터를 통한 4차 산업혁명의 가치창출

경제의 흐름을 가로막는 적폐 청산의 도구로써 빅데이터 4.0을 적극 활용할 경우 시장 투명성이 제고돼 각종 난제를 보다 효과적으로 해결할 수 있다. 숨겨진 관계를 다각도로 파악해 새로운 사업 기회를 포착할 수 있으며 모두가 참여하는 포용적인 선순환의 생태계 조성이 가능하다.

가치창출의 기반인 네트워크 형성은 데이터를 통해 가능하며 실제로 데이터 분석으로 저성장, 불균형 성장, 세계 진출 장벽, 고령화 부담까지 극복이 가능하다. 먼저 사물인터넷(IoT)과 빅데이터, 디지털 연결(Digital Engagement)을 기반으로 한 스마트 시티(Smart City)를 통해 고령화 및 저성장 탈피가 가능하다.

〈스마트 시티 : 오가니시티(Organicity)〉

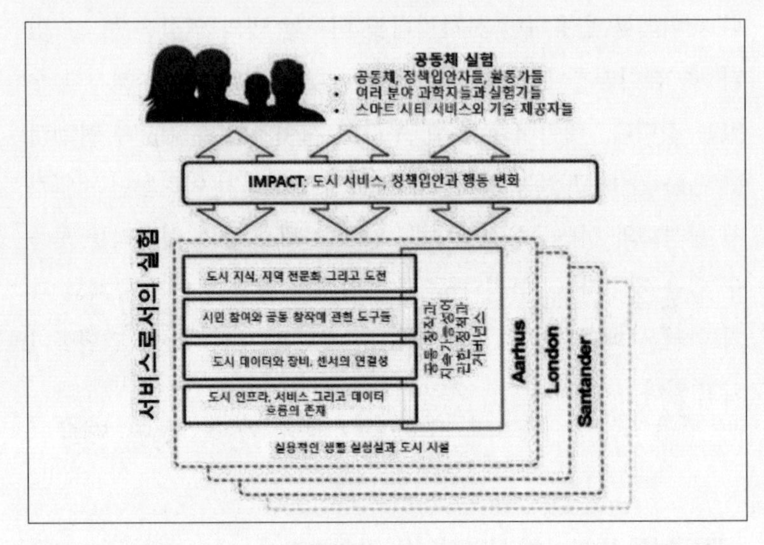

자료 : 한스 셰퍼(Hans Schaffers)

또한 공용 데이터(public data)를 공개적으로 사용 가능하게 함으로써 경제 성장과 투명성을 개선할 수 있다. 공개된 공용 데이터는 신산업 발굴 및 데이터 산업 육성에 도움이 된다. 일례로 미국의 국립 기상국은 민간 기상업체에게 연간 150억 달러 가치의 정보를 지원하고 있다.

빅데이터 4.0으로 정부의 활동 내역도 투명해질 수 있는데 정부기관의 세출 데이터를 수집, 정리해 세금 사용내역을 시민들에게 제공할 수 있다. 영국에서는 '나의 돈이 어디로 들어가는가(Where Does My Money Go)'를 통해 공공데이터를 활용한 정부의 투명성 감시를 실시하고 있다. 정부 예산 지출내역을 밝힘으로써 시민들의 관심을 유도하고 정부의 정책적 이해를 높이는 효과도 가져올 수 있다.

〈나의 돈이 어디로 들어가는가(Where Does My Money Go)〉

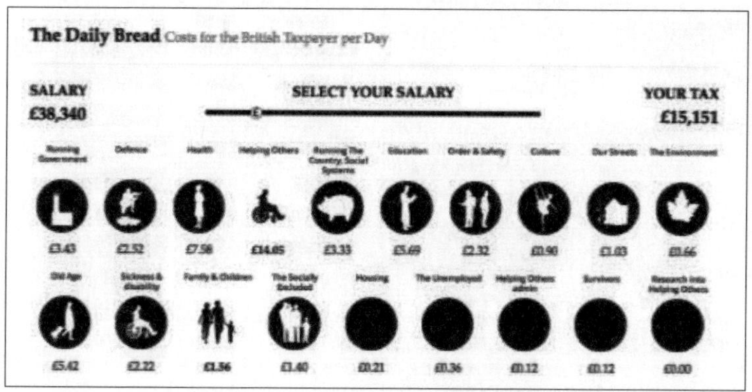

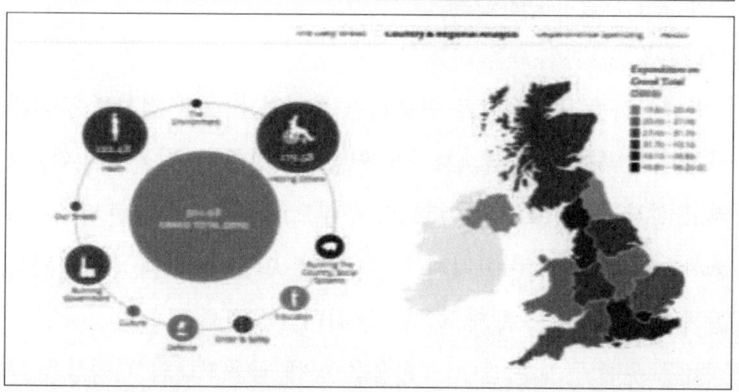

자료 : 나의 돈이 어디로 들어가는가(wheredoesmymoneygo.org)

그리고 빅데이터 4.0을 활용하면 합리적인 성과보상체계를 구축할 수 있다. 비정규직의 정규직화를 정부에서 요구하고 있지만 대기업에서는 여력이 없다고 한다. 그러나 '성과' 보수 즉 업적연동 보수를 받음에도 회사의 흥망성쇠와 상관없이 대기업 임원들은 본인의 보수는 받아가며, 특히나 보수 평균은 계속 증가하고 있다.

〈임원 보수와 영업이익 증가율 추이 및 10대 그룹 등기임원, 직원 평균보수 비교〉

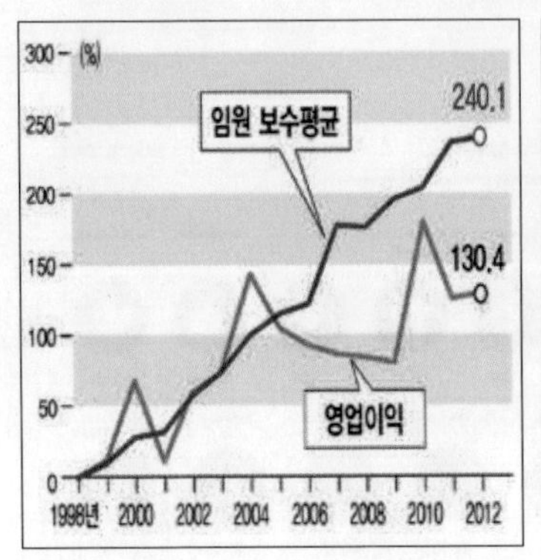

자료 : 금융감독원 전자공시시스템

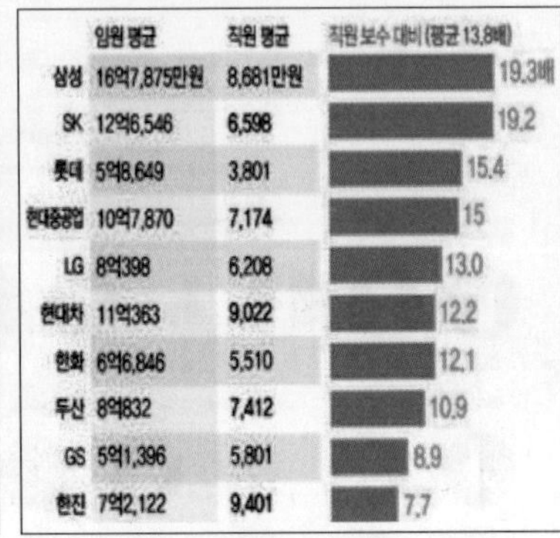

	임원 평균	직원 평균	직원 보수 대비 (평균 13.8배)
삼성	16억7,875만원	8,681만원	19.3배
SK	12억6,546	6,598	19.2
롯데	5억8,649	3,801	15.4
현대중공업	10억7,870	7,174	15
LG	8억398	6,208	13.0
현대차	11억363	9,022	12.2
한화	6억6,846	5,510	12.1
두산	8억832	7,412	10.9
GS	5억1,396	5,801	8.9
한진	7억2,122	9,401	7.7

자료 : 재벌닷컴, 연합뉴스

빅데이터를 밑거름으로 활용하면 수익과 비용을 정확히 분석해 사회적 합의를 거쳐 성과보상체계를 재조정할 수 있을 것이다. 그리고 성과급을 돈이 아닌 회사의 주식으로 주는 방법(5년 뒤 접근 가능한 스톡옵션) 등으로 고려해 볼 수 있다. 이를 통해 왜곡된 성과보상체계를 합리적으로 재조정할 수 있다.

최근 유럽 규제는 데이터 활용을 통해 금융거래의 투명성을 제고하는 방향으로 변하고 있다. 이는 기관별로 데이터를 쥐고 있기보다 데이터의 활용을 통해 시장에서 투명성을 입증하는 것이 비즈니스 성공의 열쇠임을 뜻한다. 따라서 우리도 이러한 데이터 활용 투명성 제고 그리고 이를 통한 시장 신뢰 확보가 가능한 여건을 조속히 조성해나가야 할 것이다. 빅데이터 4.0으로 금융서비스의 질적 향상을 도모할 수 있는 분야는 데이터 기반 부도 예측 모형을 활용한 신용평가시스템, 감사정보시스템 구축, 혐의 거래 적출 자금세탁방지시스템, 사고패턴규칙 구축을 통한 부정사용방지시스템으로의 활용 등이 있을 수 있다.

〈빅데이터 4.0과 금융서비스〉

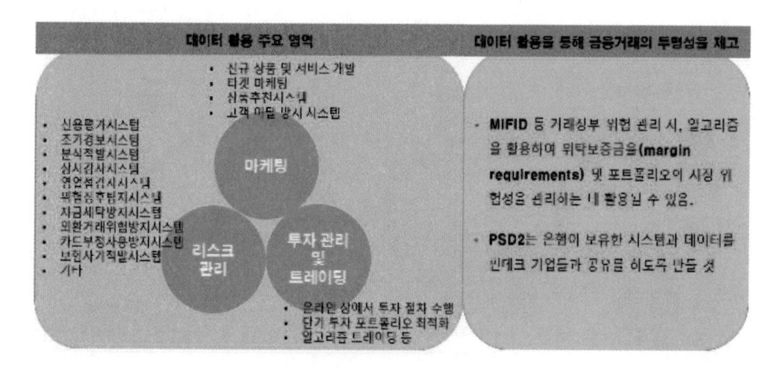

특히 빅데이터 4.0은 노동시장에도 적용할 수 있다. 노동수급과 관련된 모든 결정요소를 심층 분석해 가장 효율적인 매칭과 더불어 적합한 근로조건을 파악할 수 있다. 또한 수시로 변하는 기술을 충족시키기 위한 연수나 훈련프로그램과 연결시켜 고용 잠재력을 높일 수도 있다.

또한 현재의 일자리 부족 문제는 전체적인 일자리 자체가 적은 문제도 있지만 수요자와 공급자의 매칭이 원활하게 되지 않는 데에도 문제가 있다. 빅데이터 4.0을 활용하면 원하는 곳에 원하는 인재를 상호 추천할 수 있을 것이다. 미국 오레곤주에서는 텍스트 마이닝을 통해 구인내용을 분류하며 네덜란드에서는 직업 검색 시 원하는 분야의 지원 가능한 일자리 수와 지역, 정규직 · 비정규직 · 임시직 등 고용형태를 구분해 정보를 제공한다. 또 원하는 직업 검색 방식과 구직자가 보유한 능력이나 자격을 입력하면 일자리를 추천해주는 서비스도 제공한다.

〈개인 최적화 고용정보 제공〉

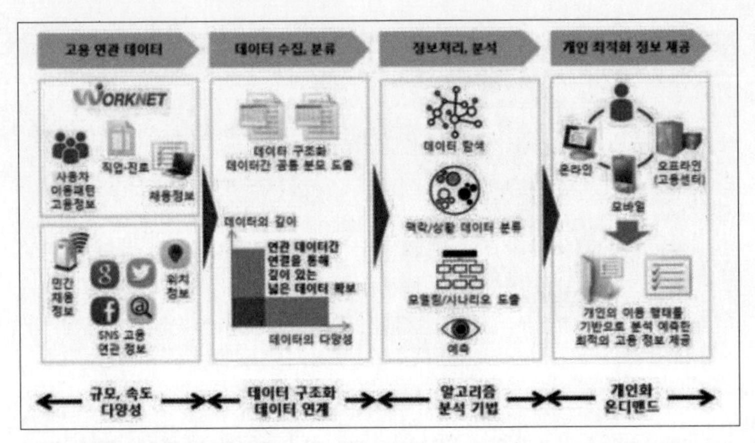

자료 : 한국고용정보원, 2016

〈노동시장 분석 강화〉

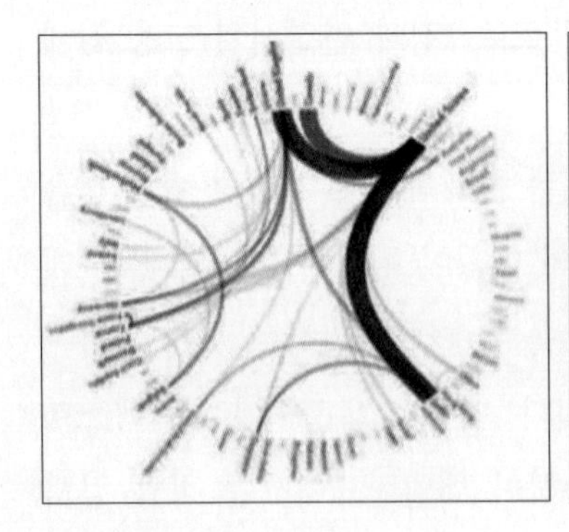

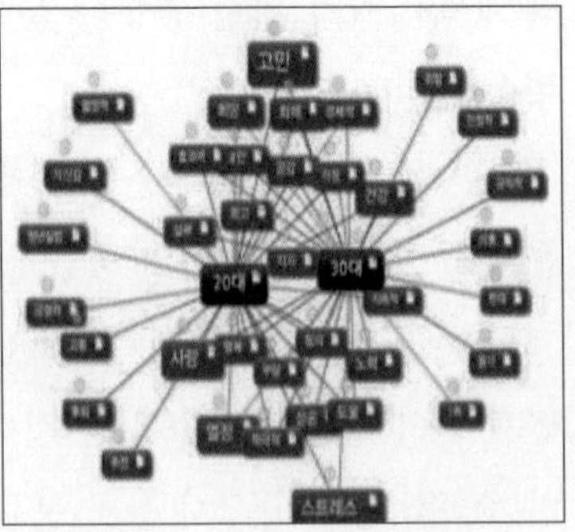

자료 : 한국고용정보원, 2016

빅데이터 활용을 위한 토대 마련

이러한 분석과 처방을 위해서는 분열되고 사일로화된 행정조직의 데이터 개방이 아닌, 이를 쉽게 접근하고 재활용할 수 있는 여건이 조속히 갖추어져야 한다. 즉 기존 전통적 권한을 개방과 공유, 협업이 가능하도록 정부산하 관련기구들은 최대한 민영화해야 할 것이다. 관련부처의 의견이 아닌 시장의 메시지를 듣고 협업할 수 있는 기초적 토대가 민영화라고 생각하기 때문이다.

또한 정부는 지배구조의 시각에서 데이터 활용을 파악하려 하지 말고 민간 주체들 스스로 판단하고 결정할 수 있는 구도로 전환해야 한다. 즉 규제 감독기관들은 기본적인 생태계의 틀만 마련하고 교란요인을 관리하는 수준의 업무만을 수행해야 할 것이다.

영국의 경우, 오픈 데이터 이니셔티브(Open Data Initiative)를 통해 민간과 정부의 소통을 돕고 있다. 데이터 산업 혁신가들의 의견은 오픈데이터협회를 통해 내무부(cabinet office) 장관에게 전달되고 있다. 민간이 주체가 돼 시장을 만들어가고 있는 것이다.

게다가 영국 오픈데이터협회는 오픈 뱅킹 스탠다드 프레임워크(Open Banking Standard Framework)를 통해 은행이 오픈 응용프로그램 인터페이스(API)를 사용, 데이터를 핀테크 업체와 공유할 수 있도록 했고, 관련 내용은 유럽의 지급서비스지침2(Payment Services Directive 2; PSD2)[28]에도 반영돼 시행될 예정이다. 이러한 선진국의 개방 데이터 정책은 바로 기존에 데이터 활용이 여의치 않았던 현실을 극복하려는 리더십의 발현이다.

28) 유럽집행위원회(European Commission)에서 제정 및 관리.

현재 금융 산업은 기존의 인프라(legacy infrastructure)에 얽매어 있으며 이러한 보수적인 운영 모델은 금융 산업의 발전을 저해하고 있다. 현재 대형 은행들이 축적한 많은 양의 데이터들은 공유되지 않고 있으며 위험성을 평가하는 데에도 실시간으로 활용되고 있지 않다. 이에 대해 지급서비스지침2(PSD2)는 2018년까지 EU내의 모든 은행들이 지급결제 서비스에 대한 오픈 응용프로그램 인터페이스(API)를 제공해야 한다고 규정하고 있다.

유럽연합은 핀테크 산업을 전제로 전자결제에 관한 기존의 지침(Payment Service Directive 1, PSD1)을 대폭 개정해 지급서비스지침2(PSD2)를 제시했다. 주요 목적은 유럽 지급결제 시장의 통합, 안전한 결제, 소비자 보호, 지급비용의 절감 등으로 기술적 혁신을 감안한 기술적 중립성 규정을 제안해 새로운 개발을 허용한 것이다. PSD2의 시행은 핀테크의 사업인가 요건과 감독 규정에 변화를 주고 있으며, 시장을 주도해 온 은행들의 시스템과 데이터 개방을 통한 시장 규모의 확장 및 보안 강화를 이끌어 핀테크 생태계 조성과 핀테크 사업 자체의 안정성을 확보하도록 할 것이다.

〈지급서비스지침2(PSD2) 주요 내용〉

*개정된 PSD2는 스토어 전용 신용카드(store credit cards), 주유 카드, 멤버십 카드, 식권 등 제한적 네트워크를 상대로 하는 지급결제를 제외한 모든 지급결제 행위(전자상거래, 모바일 상거래 플랫폼, 매달 100만 유로 이상 규모의 지급결제 네트워크 등)를 규제함.

*PSD2는 소비자의 지급결제 서비스 제공자에 대한 선택권을 확대. 제3자 제공자(TPPs, Third Party Providers)는 고객에게 지급개시서비스

(Payment Initiation Services; PIS), 계정정보서비스(Account Information Services; AIS)와 같은 서비스를 낮은 비용으로 제공함으로써 기존의 은행들과 경쟁할 수 있음.
*PSD2는 위험수준에 따라 강력한 보안규제 — 이중인증(two factor authentication)을 도입함. 계정정보서비스 제공자(Account Information Service Providers; AISPs)와 지급개시서비스 제공자(Payment Initiation Service Providers; PISPs)는 계정서비스 지급서비스 제공자(Account Servicing Payment Service Providers; ASPSPs)를 통해 인증과정을 이행할 수 있음. 은행들은 응용프로그램 인터페이스(API)와 강력한 고객 인증(이중인증)을 통해 제3자 제공자에게 정보를 제공해야 함.

자료 : 지급서비스지침2(Payment Service Directive 2; PSD2)

금융데이터가 공유되지 않은 까닭에 신규 금융업자는 계좌 관련 정보, 거래 관련 정보, 신용 관련 정보 등 금융정보 일체에 접근하지 못해 시장 진입에 어려움을 겪는다. 따라서 영국 재무부는 금융권에서의 데이터 공유 및 오픈 데이터 계획을 실행하고 있다. 이를 통해 핀테크 기업으로부터는 새로운 금융서비스의 출현을 기대할 수 있고, 기존 금융권으로부터는 '플랫폼' 으로써의 역할을 기대할 수 있다. 또한 영국 정부는 오픈 응용프로그램 인터페이스(API)를 통해 새로운 금융 부가가치산업을 창출할 수 있으며 비식별화를 통한 오픈데이터를 통해 금융정보의 활용가치도 상승할 수 있다고 보았다.

이에 따라 영국의 오픈 뱅킹 스탠다드(Open Banking Standard)는 은행에 오픈 응용프로그램 인터페이스(API)를 통해 오픈 데이터와 공유된 개인 데이터를 열람할 수 있게 하도록 권고했으며, 표준, 방식, 기술, 과정에 공개적으로 접근 가능하게 됨으로써 산업의 경쟁률과 효율성을 개선하고 혁신을 촉진할 것으로 예상했다. 이를 통해 고객과 개발자는 쉽게 정보를 열람할 수 있으며 은행은 더 많은 고객을 포용할 수 있을 것이라 예상된다. 고객에게는 금융제품을 사용하고 선택하는데 더 많은 선택권이 주어질 것이며, 자산관리가 용이해 질 것이며, 산업은 새롭고 더 발전된 제품 및 서비스를 개발할 수 있을 것이다. 또한 은행은 고객서비스를 개선할 수 있고, 고객층을 넓힐 수 있을 것이며, 오픈 응용프로그램 인터페이스(API)를 통해 제품, 서비스, 영업에 대한 정보를 제공할 수 있다.

〈오픈 뱅킹 스탠다드 프레임워크(Open Banking Standard Framework)〉

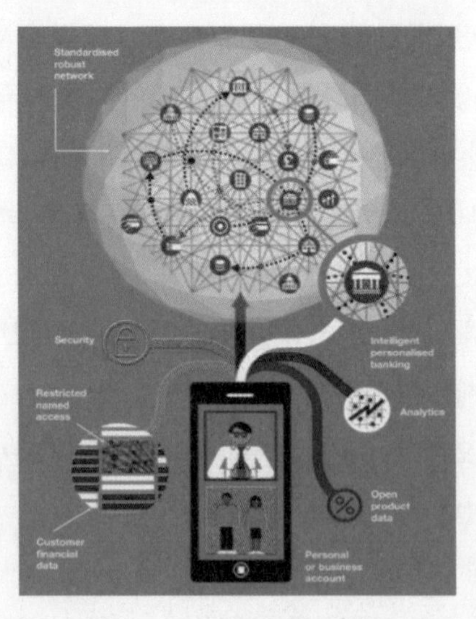

자료 : 오픈 뱅킹 스탠다드(Open Banking Standard)

또한 4차 산업혁명에서 살아남기 위해서는 종합적인 디지털 자아를 위한 생태계 조성이 필요하다. 데이터 활용 선진국이 다수 포진된 유럽의 경우 디지털단일시장(Digital Single Market)[29] 구축을 위한 노력의 일환으로 개인정보보호에 관해서도 일반정보보호규정(General Data Protection Regulation; GDPR)을 통해 통합된 법을 갖추고 있다. 우리도 분열된 처방을 통합하기 위한 아젠다 세팅이 필요한 때다.

유럽은 디지털 환경에서 시장 통합과 혁신이 경쟁 우위를 차지하기 위해 필수라는 사실을 인식하고 유럽연합이 세계를 선도하는 국경 간 디지털 서비스를 개발하는 데 방해가 되는 장벽을 제거하는 것을 목표로 디지털단일시장(Digital Single Market)을 구상했다. 유럽위원회(European Commission)는 디지털단일시장(Digital Single Market)을 통해 금융 기술의 발전을 장려하고 금융부문에 역동성을 창출함과 동시에 데이터 접근이나 전송, 재사용과 관련해 새로운 위험이나 잠재적 실패를 불러일으키지 않고 시장 신뢰를 잃지 않기 위해 노력해야 한다고 했다.

유럽은 소비자와 기업이 디지털 제품 및 서비스를 자유롭게 활용할 수 있도록 접근성 향상을 지원하고, 디지털 네트워크와 혁신적인 서비스가 생성될 수 있도록 환경을 조성하며, 디지털 경제를 통해 잠재적 성장률을 최대화하고자 하는 세 가지 목적 달성을 위해 디지털단일시장(Digital Single Market) 전략을 구상했다. 영국은

---

29) 디지털단일시장(Digital Single Market)은 상품, 사람, 서비스, 자본의 자유로운 이동이 보장되며, 개인과 기업이 국적과 거주지에 관계없이 공정한 경쟁과 높은 수준의 소비자 및 개인정보 보호의 조건하에서 막힘없이 온라인 활동에 접근하고 이러한 활동을 수행할 수 있는 시장으로 2015년 5월 유럽연합(EU)이 발표함.

'프로젝트 이노베이트(Project Innovate)' 라는 디지털 우선 정책에 따라 혁신을 결정적으로 촉진하는 환경을 이미 조성했다.

〈디지털단일시장(Digital Single Market) 추진 과제〉

구분	주요 전략	3대 중점 분야
1	용이한 국가 간 전자상거래 활성화를 위한 관련 법령 개정	유럽 내 디지털 제품과 서비스에 대한 소비자와 기업의 접근성 제고
2	신속하고 일관성 있는 소비자보호 강화를 위한 '소비자보호 협력규정' 검토	
3	보다 저렴하고 품질 좋은 회원국 간 전자상거래 배송체계 구축	
4	온라인 상에서의 부당한 지리적 차단 종식	
5	유럽 전자상거래시장에 영향을 미치는 독점금지 우려 규명	
6	현대적이고 유럽에 적합한 저작권제도 구현	
7	방송사의 온라인 전송 확대와 방송 서비스에 대한 국가 간 접근성 제고	
8	회원국 간 부가가치세 부과체계 단일화로 기업의 행정적 부담 절감	
9	EU 통신 규정에 대한 재검토	디지털 네트워크와 혁신적인 서비스 활성화에 적합한 조건과 공정경쟁 시장 조성
10	21세기형 시청각 미디어 프레임워크 마련	
11	시장에서의 온라인 플랫폼(검색엔진, SNS, 앱스토어 등)의 역할 분석	
12	디지털 서비스 및 개인정보 관리의 신뢰와 보안 강화	
13	사이버보안 강화를 위한 민관협력 강화	
14	'유럽의 자유로운 데이터 흐름 계획' 제안	디지털 경제의 성장 잠재력 극대화
15	정보통신기술(ICT) 표준과 호환성 확보를 통한 경쟁력 강화	
16	디지털 기술역량 및 전자정부 확대 등 포괄적 디지털 사회 구현	

자료 : 유럽위원회(European Commission)

2018년 5월 25일 도입될 유럽연합의 일반정보보호규정(GDPR)

은 데이터 보호에 대한 기업의 책임을 더욱 가중시켜 디지털 생태계에 대한 신뢰를 구축하고 개인정보보호를 중심으로 한 데이터 사용과 분석을 활성화 할 것이다. 기업들이 위험부담을 줄이기 위해 데이터 관리 및 보관을 아웃소싱(outsource)할 경우에도 일차적으로 기업들에게 데이터 보호를 해야 할 책임이 부과된다. 일반정보보호규정(GDPR)에 따르면 기업들은 시민들이 본인의 개인정보가 어디에 보관되고 있는지 온라인으로 확인할 수 있도록 하는 서비스를 제공해야 한다.

〈일반정보보호규정(General Data Protection Regulation; GDPR)〉

전세계 연간 매출액의 4%까지 벌금 부과 가능	일반정보보호규정(GDPR)을 위반할 경우 상당한 금액의 벌금이 부과될 수 있음. 규제기관은 연간 매출액의 4% 또는 20,000,000 유로를 벌금으로 부과할 수 있음.
규제 범위의 확대	유럽연합 내 설립된 데이터 제어/처리장치 및 유럽연합 내 국민을 상대로 하는 기관은 일반정보보호규정(GDPR)을 따라야 함.
개인정보 보호관(Data Protection Officers; POs)	많은 양의 민감한 개인정보를 처리하거나 조직적 모니터링을 시행하는 기관의 경우 개인정보보호관(DPOs)을 임명하여야 함.
책임	기관은 데이터 처리과정에 대한 모니터링, 검토 그리고 평가를 해야 하며 데이터 처리와 보유를 최소화해야 할 책임이 있음. 또 데이터 처리과정을 보호하기 위한 장치를 구축해야 할 의무가 있음. 정보보호 감독기관의 요청이 있을 경우 데이터 처리 규정, 과정 그리고 운영에 관한 문서를 제공할 수 있어야 함.
개인정보 영향평가	기관은 위험성이 높거나 많은 양의 개인정보 처리를 이행할 때에는 개인정보 영향평가를 이행해야 함.
동의	고객에게 개인정보 처리를 위한 동의서를 무료로 제공할 의무가 있으며, 고객에게 동의서를 취소할 수 있는 권한이 있다는 점도 명시하여야 함. 민감한 개인정보 또는 국경 간 데이터 유통의 경우 동의서에 명확히 제시되어 있어야 함.

의무적인 위반 신고	기관은 개인정보보호법규를 위반한 경우 "최대한 빠른 시일 내(without undue delay)" 또는 72시간 내에 감독기관에 신고하여야 함. 만약 위반으로 인해 개인이 감당해야 할 위험이 높을 경우, 개인 당사자에게도 위반사례에 대한 통지를 하여야 함.
새로운 권리	잊혀질 권리(right to be forgotten), 정보이동권(right to data portability), 프로파일링 거부에 대한 권리(right to object to profiling) 추가.
개인정보 최적화 설계(또는 프라이버시 중심 디자인)7	사업 처리과정 및 새로운 시스템 개발을 할 때부터 개인정보 보호를 중심으로 설계해야 함. 기본적으로 개인정보 설정을 가장 높은 수준으로 설정.
데이터 처리장치의 의무	데이터 처리장치는 공식적으로 규제받는 대상에 포함됨.

자료 : 일반정보보호규정(GDPR)

신규업체들에게 새로운 생존공간을 마련해주기 위한 클라우드 서비스나 데이터센터와 같은 기본적 인프라와 각종 법규준수 서비스 등 디지털 시장 진입에 필수적인 요소들도 속히 만들어나가야 한다. 그밖에 공무원들의 보신주의를 해결하기 위한 성과보상체계도 수립해야 할 것이다. 4차 산업혁명이라는 시장의 역동적 변화를 빠르게 캐치하고 그것을 주도하기 위해서는 공무원들에게 미래지향적 임무를 부여하고. 그와 관련된 활동에 일정 정도의 성과를 내면 그 성과를 보상해주는 스톡옵션제 활용을 고려해봐야 할 것이다.

미래 생태계 조성을 위한 규제 감독체계를 운영할 때도 데이터를 활용하면 '장님이 코끼리 만지는 듯한' 상황은 더 이상 벌어지지 않을 것이다. 적재적소에 필요한 정책, 규제가 구축될 것이고 그렇게 되면 정책을 통해 우리가 원하는 효과를 얻을 확률이 지금

보다 훨씬 높아질 것이다. 제대로 된 진단을 통한 처방이 가능해지기 때문이다.

빅데이터를 실시간 활용하면 레그테크(RegTech)를 활용한 적시 시정조치가 가능해진다. 데이터가 불가피한 생존수단이 된 세상에서 데이터 관련 불안요인을 걸러내 보다 유용한 데이터 활용을 통해 모두를 이롭게 할 수 있을 것이다. 무엇보다도 모든 것이 연결된 세상에서 개인 사용자들의 프라이버시 위협요인에 대한 모니터링은 더욱 중요해졌다. 원칙적으로 프라이버시를 희생하면서 얻어낼 가치는 무의미하다. 현 규제의 시각에서 보지 말고 데이터와 규제 그리고 민간 시장이 어울리는 미래의 시각에서 현재를 조명해 제대로 준비해야 할 것이다.

마지막으로 우리의 사회경제문제를 해결하는 데 데이터를 활용하기 위해 우선적으로 전제돼야 할 것은 개인정보 보호영역에 관한 사회적 합의 도출이다. 지급서비스지침2(PSD2)처럼 데이터를 오픈하기 위해서는 일반정보보호규정(GDPR)과 같이 개인정보보호에 대한 명확한 규제체계를 마련해 프라이버시는 보호하면서 데이터 활용은 최대로 가능한 환경을 만들어야 한다. 자동차가 시속 100km로 달리려면 엔진 기술도 필요하지만 그 속도를 이겨낼 브레이크 기술이 더 중요한 것처럼 말이다.

보안은 철저히 하되 데이터가 원활히 흐르는 데 초점을 맞춰 규제 전반을 손질해야 한다. 허술한 냉온탕식 중첩 규제로 데이터 활용도 안 되고 시장 신뢰마저 저하되는 어려움은 반드시 극복해야 한다.

개인정보보호 가이드라인 발표와 비식별화 조치를 위해 우리는 먼저 빅데이터 활용의 필요성에 대한 사회적 공감대를 확보해야 하며, 개인의 프라이버시 보호 정도를 명확히 구분한 뒤, 원칙 중심의 포괄적인 접근을 통해 규율이 시행될 수 있도록 해야 할 것이다.

빅데이터의 적법한 활용을 촉진하기 위해서는 민간의 역할이 우선시 되는 개방과 협업의 생태계를 조성하고 불법이 발생하면 처벌을 강화해야 할 것이다. 개인정보 관련 제반 법률을 개정해 공공정보는 모두 개방하고 개인 프라이버시 수준(민감 정보)에 적합한 공개 및 활용을 허용하며 소외된 계층의 경제적 복원을 위한 기초 고르기 작업 강화와 연계된 교육 훈련프로그램을 구상한다. 또 이를 지원하는 금융서비스 플랫폼을 지방정부 단위로 구축하여 민간주도로 운영하고 정부는 감독하도록 한다. 해외 벤처와의 협업과 해외진출을 위한 규제감독 허가 관련 가이드라인도 공표한다. 개방형의 공정한 경쟁 시장과 다양한 참여를 허용하는 신축적 규제 그리고 다양한 참여자들은 성공의 필수적 요소다. 결론적으로 시대적 변화 속에서 미래지향적 생태계 조성을 위해 모든 경제주체가 협업할 필요가 있다.

개방형 플랫폼 구축

핀테크로 인한 금융분야의 폭발적 변화는 참가자의 병렬적 · 분산적 생존 방식을 요구하고 있어, 미래에 전개될 생태계에서 금융회사들은 플랫폼을 기반으로 다양한 시장 참가자들을 유인하고 네트워크의 외부효과[30]를 극대화해 미래 지향적인 성장동력을 확보할 필요가 있다. 이렇듯 플랫폼을 기초로 다양한 연관 관계를 이끌어내기 위해 오픈 응용프로그램 인터페이스(API)라는 도구를 활용하고 이와 더불어 오픈 응용프로그램 인터페이스(API) 활용을 위한 업계 공통의 기준과 원칙을 마련해야 한다. 예전처럼 금융회사 주도로 고객들의 다양한 니즈를 충족하는 것이 어려울 수 있으므로 시장과 소통하며 서비스를 제공할 수 있는 오픈 응용프로그램 인터페이스(API) 플랫폼을 운영하는 것이 효과적이기 때문이다.

〈해외 은행의 오픈 응용프로그램 인터페이스(API) 구축 추진 사례〉

프랑스	크레디 아그리콜 (Credit Agicole)	2012년 앱스토어인 CA Store 구축.
	AXA 뱅크 (AXA Banque)	2012년 계좌 데이터를 오픈 응용프로그램 인터페이스(API)로 공개.
미국	캐피털 원 (Capital One)	고객 인증, 거래 등에 사용할 수 있는 오픈 응용프로그램 인터페이스(API) 공개.
스페인	BBVA	개발자 커뮤니티인 이노바챌린지를 구축.
	뱅코 사바델 (Banco Sabbadell)	오픈앱이라는 프로그램을 출시하여 일부 응용프로그램 인터페이스(API)에 대한 제한적 공개.
독일	피도르 뱅크 (Fidor Bank)	송금, 지급결제, 계좌 조회 및 신규 개설 등이 가능한 응용프로그램 인터페이스(API) 플랫폼을 개발 중.
브라질	브라데스쿠 (Bradesco)	페이스북과 통합하기 위한 응용프로그램 인터페이스(API)를 구축하여 제3자 앱과의 통합 가능성을 보여줌.
터키	가란티(Garanti)	응용프로그램 인터페이스(API)를 공개하여 내부 개발자와 제3자가 함께 설계한 다양한 앱 출시.

자료 : 은행에 관한 데이터 공유와 오픈 데이터(Data Sharing and Open Data for Banks)

30) 한 경제주체의 행위가 대가 지급없이 다른 경제 주체에게 의도치 않게 미치는 혜택 및 손해가 네트워크 규모가 증가함에 따라 네트워크에 소속된 경제주체에게 한정해서 나타나는 현상.

핀테크 기업은 금융회사와 시스템을 연동하는 과정에서 개별 금융회사의 독자적인 기준에 따라 응용프로그램 인터페이스(API)를 개발하면 비효율이 증가하므로 이를 줄이기 위해서라도 표준화된 오픈 응용프로그램 인터페이스(API)가 필요하다. 그리고 오픈 응용프로그램 인터페이스(API) 플랫폼을 구축하기 위해서는 시장과 정부, 금융회사, 관련회사 등 다양한 이해 관계자들 간의 긴밀한 협력 속에서 표준화를 구축해가려는 개방적인 노력이 중요하다.

〈응용프로그램 인터페이스(API) 표준의 장 · 단점〉

장점(응용프로그램 인터페이스(API) 표준의 기대효과)	단점(응용프로그램 인터페이스(API) 표준의 리스크)
· 금융산업의 경쟁 및 혁신 촉진. · 고객의 금융서비스 선택기회 증대. · 고객니즈에 부합하는 서비스 개발 용이	· 고객 데이터의 노출 및 오용 우려. · 응용프로그램 인터페이스(API) 표준에 대한 잠금(Lock-in)시도 우려.

자료 : 은행에 관한 데이터 공유와 오픈 데이터(Data Sharing and Open Data for Banks)

개방형 플랫폼의 성공 요인은 '얼마나 다양한 장소에서 얼마나 빠르고 편리하고 안전하게 완료할 수 있느냐' 하는 것인데, 참가자 및 네트워크가 확대될수록 이 같은 요인을 충족시킬 수 있는 가능성은 증가할 것이다. 미래 지향적인 결제서비스와 관련된 개방형 응용프로그램 인터페이스(API) 표준화와 기준 제정 작업은 국지적으로 진행되고 있다. 유럽연합(EU)에서는 지급서비스지침2(PSD2)에 제3자의 계좌정보에 대한 접근성 보장 조항을 포함시킴에 따라 향후 유럽 내 은행들의 개방형 응용프로그램 인터페이스(API) 도입 논의가 가속화될 전망이다.

〈영국 개방형 응용프로그램 인터페이스(API) 표준 모델〉

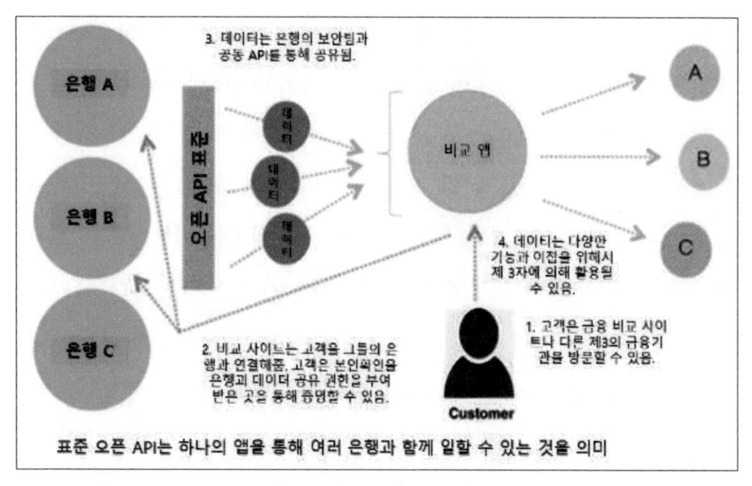

자료 : 영국 재무부(UK HM Treasury)

우리나라의 경우 현재 핀테크 산업 육성을 위한 공공 인프라 구축을 위해 금융권 공동으로 오픈 플랫폼 구축을 진행하고 있다.

〈금융권 오픈 플랫폼(Open Platform) 개념도〉

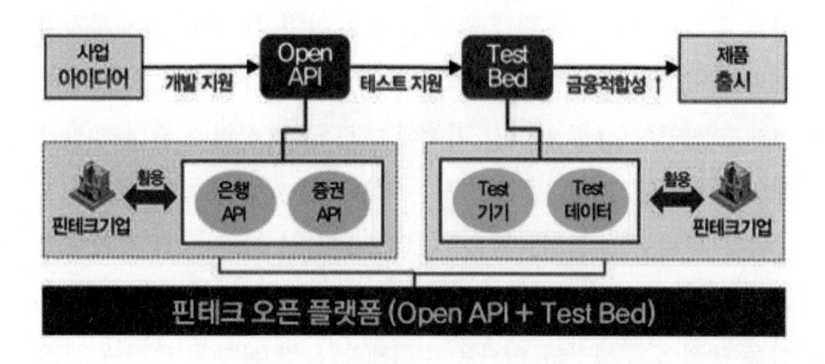

핀테크 환경에서는 소비자 편의 증대를 위해 개방형 플랫폼을 적극 수용하되, 국제결제은행(BIS) 산하 지급결제 및 시장인프라 위원회(Committee on Payments and Market Infrastructures; CPMI)에서 정한 기준을 포함하는 새로운 공통의 가이드라인을 범 국가 차원에서 제정할 필요도 있다. 분산 네트워크의 확대 및 국경 간 자금이동의 확대 등에 대비해 개방형 플랫폼에 대한 국제적 기준 마련 필요성이 증가할 수도 있어 이에 대한 준비도 필요하다.

그리고 가이드라인 등을 따르는 차원을 넘어서 선도하려는 의지를 가지고 글로벌 가이드라인 제정 등에 보다 현실적이고 적극적인 대응도 병행해야 한다. 만일 타국이 제정한 가이드라인을 수동적으로 받아들이는 양상이 과거처럼 반복된다면 국내 여건에 대한 충분한 고려나 준비 없이 외국 가이드라인에 순종해야 하는 상황에 놓일 수 있기 때문이다. 제대로 업계의견을 적극 개진하기도 힘든 현실은 자체적인 개방과 협업을 통해 조속히 극복해나가야 한다. 특히 우리나라의 관점에서 지급결제 중개기관은 결제시스템을 개방화된 구조로 진화시키는데 필요한 요소들을 사전에 준비할 필요가 있다. 즉 핀테크 이후 시장 참여자들이나 관계자들이 다양해지면서 이해상충 문제의 조율 기능이 더욱 중요해진 만큼 핀테크 산업이 향후 나아갈 방향에 대한 금융 산업과 핀테크 산업계의 전반적인 공감대를 형성하는 것도 중요하다.

이를 위해 국내외의 관련된 모임, 세미나, 회의에 적극 참여해 금융 산업 및 핀테크 결제시장의 성장과 발전에 기여할 수 있는 길을 모색하고 시장의 의견을 수렴해 필요한 사항을 파악하고 준비해야 한다. 동시에 빠르게 변하는 핀테크 환경을 선도하기 위해서 필요한 법적 · 제도적 요건 정립이 필요하므로 정부 및 결제시장 참여자들과 협력해나가는 것도 중요하다.

새로운 금융서비스 플랫폼 구축

보다 큰 가치창출이 가능한 플랫폼 경제 구축의 대전제는 진입장벽의 완화다. 포용적 성장을 굳이 거론하지 않더라도 현재의 자본주의 경제체제는 효율성과 경쟁만을 강조하면서 연결을 저하시키는 모순적 상황에 봉착해 있다. 생산성 저하요인을 제거하면서 이룬 효율성은 이제 시장 확보 면에서 한계에 도달했기 때문이다. 칸막이식 환경에서의 가치창출이 한계를 보임에 따라 수요기반이 위축되고 연관이 단절되는 양극화가 심화되면서 재연결 작업, 즉 디지털경제의 다양한 연관을 다시 복원하고 번성하게 하려는 노력이 바로 제4차 산업혁명의 핵심적 요소다. 앞만 보고 경쟁하던 시기의 모순은 금융 분야에서도 시스템 위험관리의 실패로 나타나 2008년 글로벌 금융위기의 단초역할을 했다. 결국 금융 분야에서의 반성은 가장 보호되던 중앙은행 중심의 시스템에서 나타나기 시작했다. 특히 지급결제 분야에서 가장 극명하게 드러난다.

태동하고 있는 새로운 금융서비스 플랫폼에서 가장 핵심적인 기능은 지급결제 서비스다. 과거에는 중앙은행 중심으로만 제공되던 서비스가 이제 비금융업자들이 참여하는 방식으로 전환되면서 변화의 가능성 자체가 주목받고 있다. 전통적 지급결제 체계는 중앙은행, 금융회사, 지급결제 중개기관을 중심으로 비교적 매우 안정되고 고정된 역할 분담을 유지해왔으나, 핀테크 환경에서는 고정 관념에서 벗어나 다양한 관점과 변화된 사업 영역에서의 역할을 주시해야 한다. 전통적인 인터넷과 모바일 기반의 지급결제 서비스는 은행, 카드사, 전자지불대행(PG)사 등을 중심으로 제공됐으나, 디지털 네트워크 하에서는 중개기관을 포함한 지급결제 체계를 우회하는 비트코인과 같은 시도가 증가한다. 그리고 기존에 엄격한 전자적 지급결제 프로세스에 따라 서비스 중간 매개자(전자지불대행(PG)사, 모바일 서비스 제공사 등)가 얻는 수수료는 금융회사 등 공급자가 정한 기준에 따랐으나, 핀테크 환경에서는 다수의 고객을 확보한 핀테크 기업의 결정권이 보다 중시된다.

기존 모바일 서비스가 PC용 프로세스를 모바일 기기로 단순 이식한 수준인데 반해, 최근의 애플페이는 간편하고 빠르며 역동적인 모바일 환경의 본질적 특성을 십분 활용해 독자적인 생태계를 구축함으로써 기기 판매와 수수료 수익이라는 두 마리 토끼를 모두 잡을 수 있다.

제조사, 통신사, 유통사, 신생 정보기술기업 등 다양한 유형의 비금융회사가 결제시장에 진입하고 신종 서비스가 등장하면서 과거와 같은 획일적 기준으로는 참가자들의 역할과 기능 그리고 책임을 구분하기가 곤란하다. 과거에는 ①수표, 신용카드, 인터넷뱅킹 등의 지급수단과 지급서비스를 제공하는 지급서비스 제공기관(은행, 카드사, 금투사 등), ②현금 이외의 지급수단을 사용한 경우 금융기관 간에 주고받을 금액을 차감하고 확정하는 청산기관(지급결제 중개기관, 한국거래소 등), ③청산기관이 확정한 금액을 결제기관에 개설한 계좌 간에 이체함으로써 지급결제 과정을 마무리하는 결제기관(중앙은행, 예탁결제원) 등으로 역할을 분류했다.

〈우리나라의 지급결제 제도의 구조〉

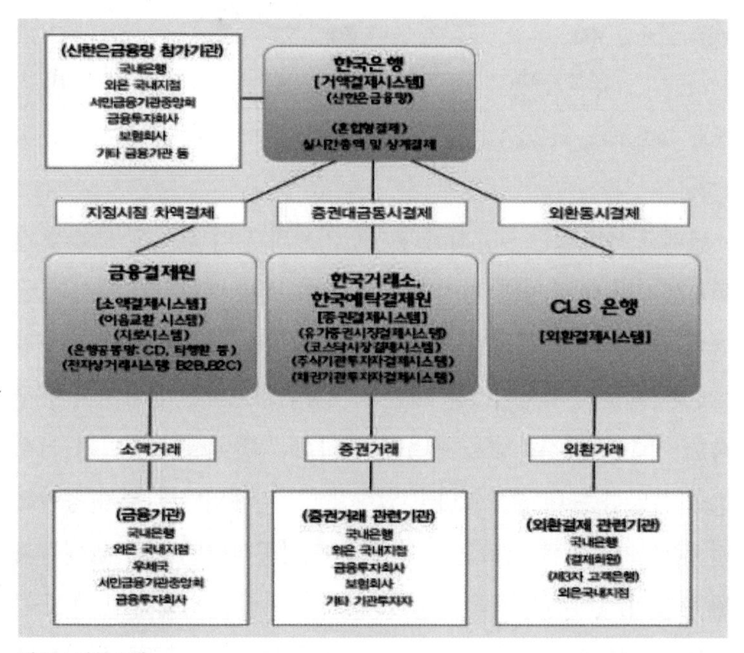

자료 : 한국은행

〈핀테크로 인한 지급결제 중개시스템 구조의 변화〉

〔현재의 지급결제 과정〕

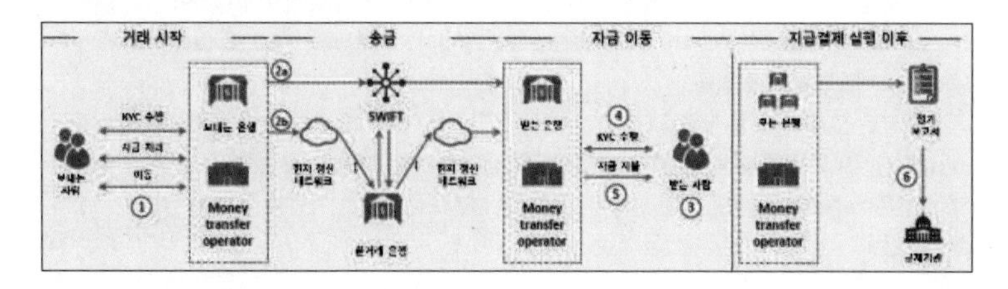

〔미래의 지급결제 과정〕

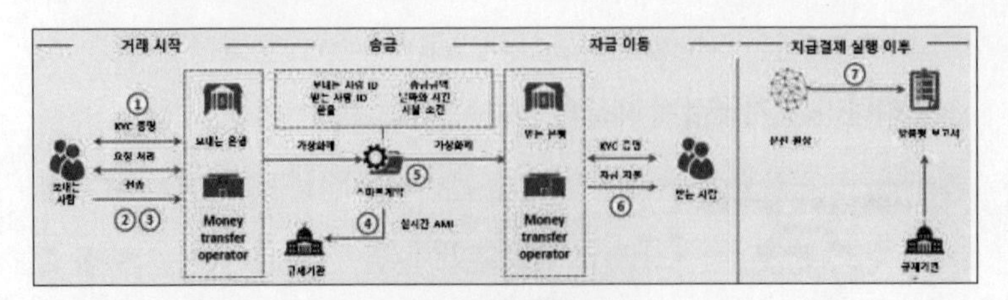

자료 : 세계경제포럼(World Economic Forum), 2016.

핀테크 서비스는 금융회사나 청산기관의 개입 없이도 사용자 간 채무변제나 송금 등을 처리할 수 있으며 결제 데이터가 정리돼 금융회사에서 최종 결제된다. 그러나 아직 우리나라의 핀테크 기업들은 새로운 결제서비스를 개발해 제공하기보다는 금융회사가 구축한 기존 결제시스템을 활용해 편리성 측면에서 차별화된 서비스를 제공하는 데 주력[31]하고 있다. 초기 단계의 진입조차 용이하지 않은 여건에서 새로운 시장 진입에 성공하려면 기존 업체들과의 협업이 절대적으로 필요하다. 하지만 이러한 양상은 핀테크 기업들이 사업적 노하우를 축적하는 과정에서 향후 양적, 질적으로 확산되고 변화[32]될 것이다. 앞으로 핀테크 기업들은 금융회사에 대한 보조적 지원자 역할을 벗어나 고객과 직접 소통함으로써 금융서비스 가치사슬의 한 축을 담당할 것이고 반면에 금융회사는

31) 글로벌 IT제조사인 애플, 삼성은 자사 플랫폼 강화 목적으로 금융회사 협력하여 지급결제 서비스를 제공하고 있으며, 네이버 등 포털 사업자도 본업의 시장지배력 확대 및 마케팅 강화 등을 목적으로 지급결제 시장 진출.

32) 구글은 2013년 5월 1억 2,500만 달러를 투자하여 개인 대 개인(P2P) 대부업체 렌딩클럽(Lending Club)의 지분을 매입, 페이팔은 충전식 선불카드 머니팩(MoneyPak)을 이용한 페이팔 계정 충전을 가능하게 하는 등 점차 금융회사에 대한 의존도를 줄이고 자립할 수 있는 여건을 조성하는 중.

자체적 노력이나 준비에 소홀할 경우 핀테크 기업의 금융서비스 제공을 위한 후방 사업자로 역할이 축소될 수도 있다.[33]

시장 참가자의 역할 변화로 인해 현재 등장하고 있는 새로운 서비스들은 지급결제 서비스의 진화적 측면에서 발전 초기 단계에 있는 것으로 판단된다. 향후 본격적인 소비자 중심의 편의성과 경제성을 증진시키기 위해서는 금융서비스의 제공 플랫폼도 개방형 구조로 진화해야 할 필요가 있다. 기본적으로 금융회사 간 경쟁을 촉진시키고 진입 장벽을 낮춰 비금융 주력자에게 공정한 경쟁토대를 제공하려는 움직임은 이미 세계적인 추세다. 따라서 지급결제 중개기관은 핀테크 기업을 수용할 수 있는 개방형 구조로 전환해 핀테크 기업을 서비스 공급 채널로 활용하는 것이 필요하다.

예를 들어 외환거래 위험을 고려할 필요 없이 전 세계 어느 곳에나 송금할 수 있으려면 외국환 거래은행 이외에 핀테크 기업과 관계를 맺는 것이 유리할 수 있다. 여기서 관건은 현재의 외국환 거래은행들이 국내외의 다양한 핀테크 기업들을 수용하고 관련 역량을 강화함으로써 주도적인 플랫폼으로서 자리매김을 할 수 있느냐의 여부다. 엄연히 웨스턴 유니언(Western Union), 머니그램(MoneyGram)이 주도하고 있는 시장에서 차별화된 서비스로 새로운 시장에 진입하는 것이 용이하지는 않을 것으로 보인다. 또한 기술로 변화된 환경에서 과도한 규제 중심의 틀을 벗어나는 것은 미래를 고려했을 때 타당한 선택일 수 있으나 서비스의 보편적 외부성(Externality)을 감안할 때 편의성과 안전성, 개방성과 수익성 간

---

33) 은행이나 금융망은 물론이고 중앙은행과 스위프트(SWIFT)망 등을 거치지 않더라도 인터넷을 통해 개인 간 금융거래가 가능한 비트코인(BitCoin)은 기존 금융 인프라를 대체하는 사례임.

의 균형 및 상충관계를 이해하고 균형이 무너지지 않도록 조심스럽게 접근해야 할 필요가 있다. 기존 체제의 과도한 경직성을 얼마나 완화할 수 있는지의 문제는 새로운 기술의 안전성에 대한 일반적 인식과 신뢰 수준에 달려있다. 초기 시장신뢰 획득에 실패할 경우 신규진입 업체들의 시장 진입은 일시적인 현상에 그치기 쉽다.

〈우리나라 해외 송금 상위 5개국〉

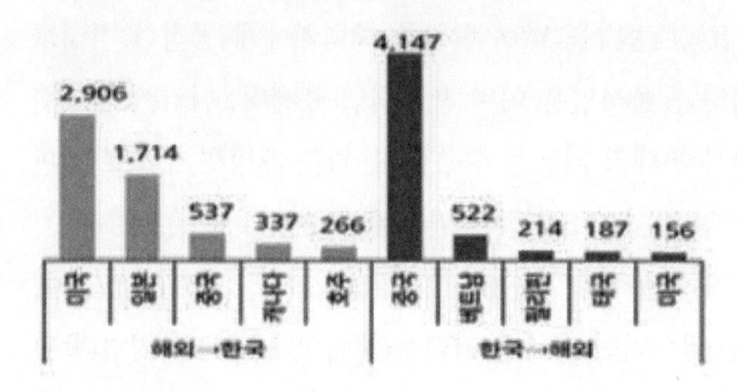

자료 : 세계은행(World Bank)

〈해외 송금 규모 및 증가율〉

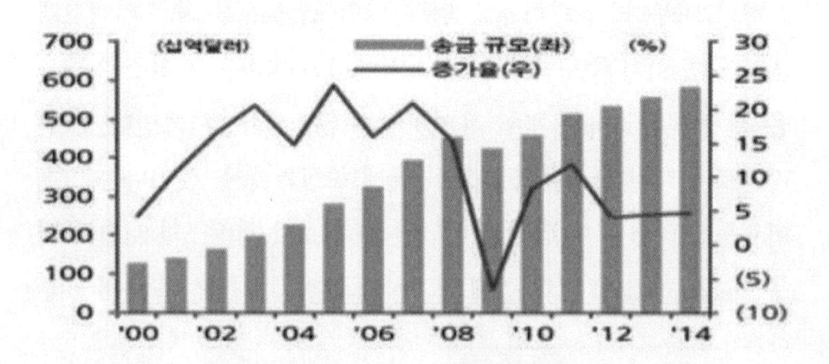

자료 : 세계은행(World Bank), 227개 기관(32개 송금/89개 수취 국가)

〈해외 송금 방식 비교〉

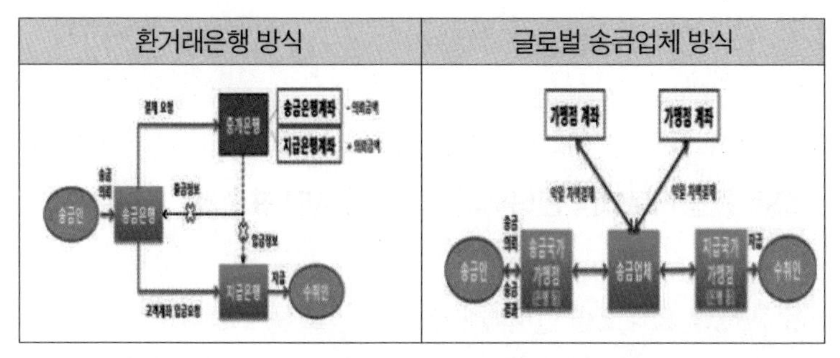

특히 비금융회사의 지급결제 진출 확대로 인한 참가자들의 역할 변화는 기존의 안정성 중심의 지급결제 시스템에 영향을 미칠 수 있으므로 다각도의 검토와 평가가 필요하다. 안정성 보호 차원에서 우선 민간 핀테크 기업들에게 적용할 수 있는 가이드라인의 제정 및 시행이 시급하다. 진입에 대한 다각도의 점검과 위험요인에 대한 대비는 섣부른 진입이 초래할 피해를 방지해주는 긍정적인 측면도 있다. 이와 함께 민간 사업자들의 창의성이 지속적으로 발현되기 위해서라도 중간적 입장의 지급결제 중개기관과 같은 참가자를 중심으로 하는 안정성 향상 노력도 병행돼야 한다.

지급결제 서비스의 발전을 위해서 기존 인프라를 최대한 활용하고 수익과 비용을 균형 있게 고려해 효율적인 방향을 강구해야 한다. 다시 말해 지급결제 중개기관은 핀테크 열풍으로 거대한 변화의 소용돌이에 빠진 지급결제 시스템의 중요한 참여자로서 정책 · 제도 변경에 따른 대응, 시장 트렌드의 파악과 이에 대한 선제적 대비 및 지속적 성장을 위한 핀테크 트렌드 분석과 그에 부합하는 지속적인 역할 모색에 힘써야 한다. 즉 비용 측면이나 지적 토대의 연속성 측면에서 새로운 생태계의 원천적 재구성보다는 기존 생태계의 중추적 역할을 수행하던 기관들의 진화적 발전이 우선적으로 강조돼야 한다.

오픈 응용프로그램 인터페이스(API)와 API 표준화

오픈 응용프로그램 인터페이스(API)는 새롭게 출현하고 있는 핀테크 기업의 참여와 협력을 이끌어내고 미래의 금융시장을 여는 전환점의 역할을 수행할 것으로 기대된다. 비즈니스 플랫폼의 효과적인 활용 여부는 기업의 경쟁력은 물론 산업 전체의 성장과 발전에 지대한 영향을 미친다. 아마존(Amazon)이 도서판매 쇼핑몰에서 출발해 비즈니스 플랫폼을 지속적으로 혁신하고 확장시켜 오픈 마켓으로 진화하듯이 개방과 협업을 통해 생태계 선점 경쟁에 나서야 하는 플랫폼 경제 환경에서는 소프트웨어 상의 연관을 촉진하고 가능케 하는 오픈 응용프로그램 인터페이스(API)가 핵심 경쟁 도구[34]다. 다만 현재 운영 중인 금융시스템과 오픈 응용프로그램 인터페이스(API) 사이의 기술적인 동기화를 위해 금융회사들의 추가적인 노력이 요구되고 기술 공개로 인해 금융회사와 비금융회사 사이의 경쟁 요인은 증가하게 될 것이다. 특히 기존 시스템의 우월한 시장지위는 폐쇄된 환경에서 새로운 변화를 추구하

34) 아마존은 2002년부터 자사 DB(데이터베이스)와 서비스를 오픈 응용프로그램 인터페이스(API) 형태로 외부에 개방하고, 이를 통해 다른 웹사이트들이 가격과 제품 상세 설명과 같은 정보를 아마존의 상품 DB에서 골라서 올리고 아마존 결제시스템과 장바구니를 이용할 수 있도록 하는 아마존 웹서비스(Amazon Web Service)를 시작함. 이를 통해 기존 이용자가 새로운 이용자를 끌어들이는 확대 재생산 구조를 만들어 냄으로써 유통산업 전체로 자신들의 지배력을 확장함.

는데 상당한 장애요인으로 부각될 전망이다. 금융권을 둘러싼 환경이 더 이상 특정 참여자들의 주도로 조율되기 어려운 상황이므로 변화에 적응하려는 노력과 기존의 시장지위를 연장시키려는 인센티브 간의 조율은 여전히 난제로 남을 수밖에 없다. 결국 최종적인 변화의 모습은 시장과 참여자들의 반응과 선택에 달려있다.

핀테크 환경에서는 개별 기술로 거대 핀테크 기업과 경쟁하거나 글로벌 시장에 진출하기 어려움으로 플랫폼 차원에서 통합된 기술로 경쟁하려는 시도가 증가하고 있다. 구글의 오픈 플랫폼과 폐쇄적인 애플 iOS는 상이한 전략을 구사하고 있지만 거대시장에 접근하려는 시도라는 면에서는 동일하다. 즉 구글의 경우 소프트웨어를 무상으로 공급하고 개발자에게 접근을 허용함으로써 최대한의 참여와 시장 유인을 제공하려하는데 비해 애플은 애플 기기에서만 작동되는 폐쇄형 플랫폼을 구축하고 아이팟과 아이폰, 콘텐츠 시장인 아이튠즈(Itunes), 앱스토어(AppStore), 애플페이(Apple Pay) 등을 결합해 시장을 지배하는 절충적 전략을 통해 개방플랫폼에서의 분열적 현상을 관리하면서 고객들의 만족에 집중하려하고 있다. 시장 점유율 면에서의 우월적 지위와 수익성 측면의 우월적 지위의 차이점은 개방과 제한 그리고 절충적 개방의 장단점을 보여주고 있다.

한편 지급결제 중개시스템의 경우에도 점차 개방적인 플랫폼으로 발전시켜 다양하고 새로운 유형의 금융서비스들이 제공되고 수익창출에 기여할 수 있도록 함으로써 산업 전체의 가치와 이익을 극대화할 수 있다. 표준화된 플랫폼을 통해 핀테크 기업은 금융회사와 서비스 연동에 드는 비용낭비와 비효율성을 제거할 수 있고 신속한 서비스 및 지속성과 완결성 높은 비즈니스를 구축할 수 있다. 실제로 양면 · 다면적 시장(Two-Sided, Multi-Sided Market)[35]이 출현하는 상황에서 이러한 플랫폼은 새로운 서비스의 생산, 전달, 수요 등 사회 전반의 효율성을 높이는 효과를 발생시킨다. IBM은 향후 3년 간 응용프로그램 인터페이스(API)시장 규모가 2조 2천억 달러(2,549조 원)에 이를 것으로 전망했고 아마존도 응용프로그램 인터페이스(API) 기반 플랫폼을 구축해 모든 사업 단위 간에 플러그 앤 플레이(Plug and Play)[36] 방식으로 데이터의 공유나 활용성을 극대화하고 있다. 기술적으로 보면, 오픈 응용프로그램 인터페이스(API) 플랫폼은 크게 기업 내부시스템과, 외부기관과 연동하는 대외시스템에 각각 적용 가능하다. 내부시스템(Sub System) 사이에는 표준화됐거나 비표준화된 사설 응용프로그램 인터페이스(API)를 통해 데이터가 교환되고, 외부시스템과 내부시스템 사이에는 표준화된 응용프로그램 인터페이스(API)를 통해서만 데이터가 교환되는 방식이다.

사용 측면에서 오픈 응용프로그램 인터페이스(API) 플랫폼의 개방된 기능은 제3자가 접근해 이용할 수 있고 응용프로그램 인터페이스(API)에 관한 소스 코드(Source Code)는 외부에 공개하지 않

35) 이질적 형태의 고객군(공급자와 수요자 및 사용자와 같은 그룹으로 구분됨)들이 모여서 가치를 교환하고 새로운 서비스를 제공하는 토대를 제공하는 시장으로서 상호연관과 교류가 가치창출의 핵심임. 다양한 역할을 동시에 수행할 수 있는 아마존과 같은 시장이나 게임소프트웨어 산업 등이 발전의 효시(데이비드 에반스 David Evans), 플랫폼 경제: 다면 비즈니스에 대한 글(PLATFORM ECONOMICS: Essays on Multi-Sided Businesses), 2011.

36) 사전적으로는 '연결 즉시 시작'이란 뜻으로 전산시스템을 연결하는데 소요되는 수작업을 최소화할 수 있는 속성을 말함. 금융전산시스템에 이러한 속성을 적용하게 되면 하드웨어와 소프트웨어 구조에 대한 장황한 개발, 테스트 등의 절차가 간소화되어 비용이나 기간을 단축시킬 수 있음.

기 때문에 저작권 문제에서 해방되는 이점도 있다. 다만 오픈 응용프로그램 인터페이스(API) 플랫폼은 개방성을 기초로 핀테크 산업과 금융을 융합시키는 촉매제로서의 가치는 크나 범위나 대상을 정할 때는 앞서 언급했듯이 신중하게 검토해야 할 부분이 있다. 그러나 플랫폼의 확장성(Extendibility)을 위해서는 플러그 앤 플레이(Plug and play) 특징을 살려 핀테크 기업들이 쉽게 오픈 응용프로그램 인터페이스(API)를 이용할 수 있도록 간단한 인터페이스와 접근성을 갖춘 설계가 필요하다. 오픈 응용프로그램 인터페이스(API)는 겉으로는 이전 서비스와 같아 보이지만 기존 서비스를 분해, 재구성해 다채널로 전달하는 등 내용상의 차이가 있으므로 오류 및 예외사항의 완벽한 처리, 다양한 운영체계 등 이질적인 전산환경에서의 호환성 검증을 해야 한다. 실제 우리나라 공공데이터포털(data.go.kr)의 경우 일기예보 응용프로그램 인터페이스(API) 등 1,800개의 공개된 오픈 응용프로그램 인터페이스(API) 중 1천 건 이상 사용되고 있는 것은 극소수에 불과하다. 이는 응용프로그램 인터페이스(API)를 공개했다고 해서 실제 활용으로 이어지는 것은 아니라는 점을 보여주므로 충분한 사전 수요조사도 동반돼야 한다. 즉 많은 참여자들의 관심과 개발 유인을 일으킬 수 있도록 완성도가 뛰어난 그리고 유용한 응용프로그램 인터페이스(API) 서비스가 제공돼야 한다.

미국에서는 디지털 정부(Digital Government) 구현 작업의 일환이자 혁신과 기업가 정신 기반의 디지털 정부를 구현하는 수단으로 응용프로그램 인터페이스(API) 공개를 추진 중인데 에너지부, 교통부, 식품의약안전청 등에서 개발자들의 오픈데이터 활용을 도모하는 컨퍼런스 행사 등을 정례적으로 주최하거나 식품, 의약정보를 검색하고 활용하는 오픈 응용프로그램 인터페이스(API)인 오픈 FDA(Open FDA) 프로그램을 운영하고 있다. 에스토니아의 전자정부도 유사한 예로 볼 수 있다. 다만 미국 내 금융권에 대한 응용프로그램 인터페이스(API) 표준화나 공개에 대한 움직임은 아직 없으며 아마존 등 민간 차원에서 시장 수요에 입각한 자율적 응용프로그램 인터페이스(API) 생태계는 이미 성숙한 단계이다. 영국은 내무부(Cabinet Office)가 주도해 2012년부터 정부산하에 일종의 자문기관 성격을 갖는 비영리법인인 오픈데이터협회(Open Data Institute; ODI)[37]를 설립해 오픈 응용프로그램 인터페이스(API)에 관한 연구 및 정책개발 등을 진행해왔으며 현재 세계적으로 오픈 응용프로그램 인터페이스(API)를 주도하고 있다. 오픈데이터협회(ODI)와 영국 내무부는 대외적으로는 국제결제은행(BIS), 세계경제대국 정상들의 모임인 G8 등을 대상으로 오픈 응용프로그램 인터페이스(API)를 위한 자료제공, 전략 발표 등을 지속[38]하고 있다. 영국은 재무부(HM Treasury) 주도로 은행, 제2금융권, 전자상거래업자 등에게 의견을 청취하고 이를 바탕으로 금융권 오픈 응용프로그램 인터페이스(API)를 구현할 계획이다. 이처럼 영

37) 오픈데이터협회(ODI)의 재정은 영국 기업혁신기술부(우리의 미래창조과학부) 산하의 기술전략위원회(우리의 방송통신위원회) 등으로부터 2012년부터 5년간 1천만 파운드(177억 원) 지원받고 있으며, 주요 역할은 국가 전반의 공공데이터에 대한 혁신을 촉진하고 기업을 위한 공공데이터의 활용과 비즈니스 모델 개발을 지원하고 생태계를 구축하는 것 등임.

38) 영국이 G8 의장직을 맡고 있었던 2013년에 G8 회원국 지도자들은 오픈데이터헌장(Open Data Charter)에 동의하였는데 해당 헌장에는 데이터의 개방, 고품질 및 대용량 데이터 보장, 모든 사용자의 데이터 활용 지원, 거버넌스를 위한 데이터 개방, 혁신을 위한 데이터 개방 등 5개 원칙을 담고 있고 회원국 정부는 정부의 공공데이터 포털에 해당 원칙의 준수여부를 평가하도록 하고 있음.

국 정부가 금융권 오픈 응용프로그램 인터페이스(API)를 추진하려는 주된 목적은 무엇보다도 시장적 유인을 제고해 관련 생태계를 키우고 관련 업계의 발전을 촉진하려는 것이다.

첫째, 금융소비자로 하여금 금융서비스마다의 차이점을 보다 명확히 파악할 수 있도록 하고 둘째, 금융소비자의 선택권을 높이며 셋째, 금융회사 간 경쟁을 촉진시켜 서비스의 품질과 경쟁력을 높이려는 것으로 요약된다. 독일에서는 오픈 뱅크 프로젝트(Open Bank Project)라는 작은 핀테크 기업이 영국 오픈데이터협회(ODI)로부터 자금을 지원받아 은행 거래 등에 쓰일 수 있는 응용프로그램 인터페이스(API)를 개발하고 있다. 다만 이러한 시도들은 성공 여부를 떠나 생태계의 발전에 기여하는 시도로 파악되는 것이 중요하다.

오픈 응용프로그램 인터페이스(API)를 위한 인증절차에서 산업계 표준으로 널리 사용되고 있는 인증을 위한 개방형 표준(Open standard for Authorization: OAuth)[39]은 보안성을 확증할 수 없는 제3의 앱(Third Party App)을 사용할 때 유용한 기술이다. 이 기술을 활용하면 사용자가 본인의 아이디와 암호 등 비밀정보를 제3의 앱에 입력하더라도 해당 정보가 노출되지 않은 상태에서 인증이 가능하며 서비스 제공자도 인증을 마친 오픈 응용프로그램 인터페이스(API)(또는 사용자)에게 권한을 부여하고 서비스를 제공하는 것까지 수월하게 처리 가능하다. 이미 페이스북이나 구글의 가입자가 다른 앱을 활용할 때 쉽게 접근 가능하도록 되어 있는 오늘

39) 인증을 위한 개방형 표준(Open standard for Authorization: OAuth)은 제각각이었던 인증방식을 표준화한 인증방식으로 각종 애플리케이션에서 사용자 인증을 거칠 때 사용 가능함.

날의 상황은 이러한 기술의 적용이 보편화됐음을 입증하고 있다.

〈오픈 응용프로그램 인터페이스(API) 인증(Authentication) 기술 (oAuth 2.0)〉

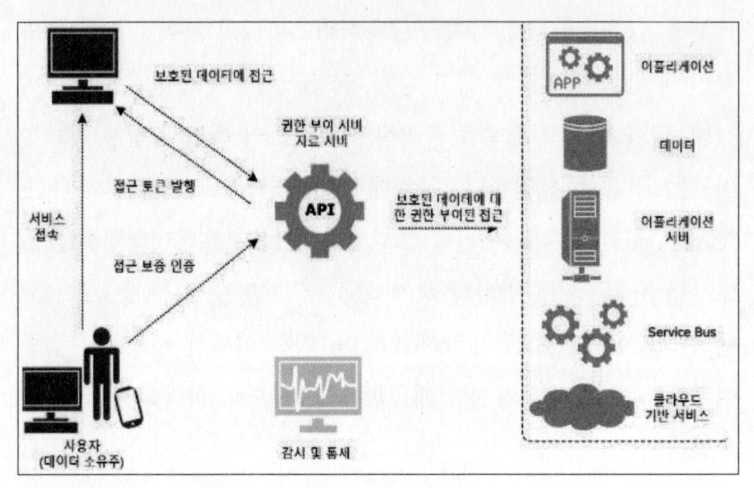

자료 : 오라클(Oracle)

간편 결제시장으로 본 그동안의 핀테크 시장은 금융회사와 핀테크 기업 간 양면적 제휴가 있었고 기존 프로세스에 참여자가 늘어나는 형태로 진행됐기 때문에 보다 많은 효과를 얻기 위해서는 오픈 응용프로그램 인터페이스(API)와 같은 접근이 필요하다. 오픈 응용프로그램 인터페이스(API)를 활용하면 개발 기간을 단축할 수 있고 인력이나 비용도 절감할 수 있으며, 기존의 계좌번호 등을 활용하여 고객의 전환 비용을 절감하는 것과 같은 효과를 기대할 수 있다. 매번 개별적으로 유사한 절차의 개발 노력을 반복하지 않아도 되는 일석삼조의 역할을 통해 관련 생태계의 발전을 촉진시킬 수 있기 때문이다.

〈오픈 응용프로그램 인터페이스(API) 기반 결제시스템 구조〉

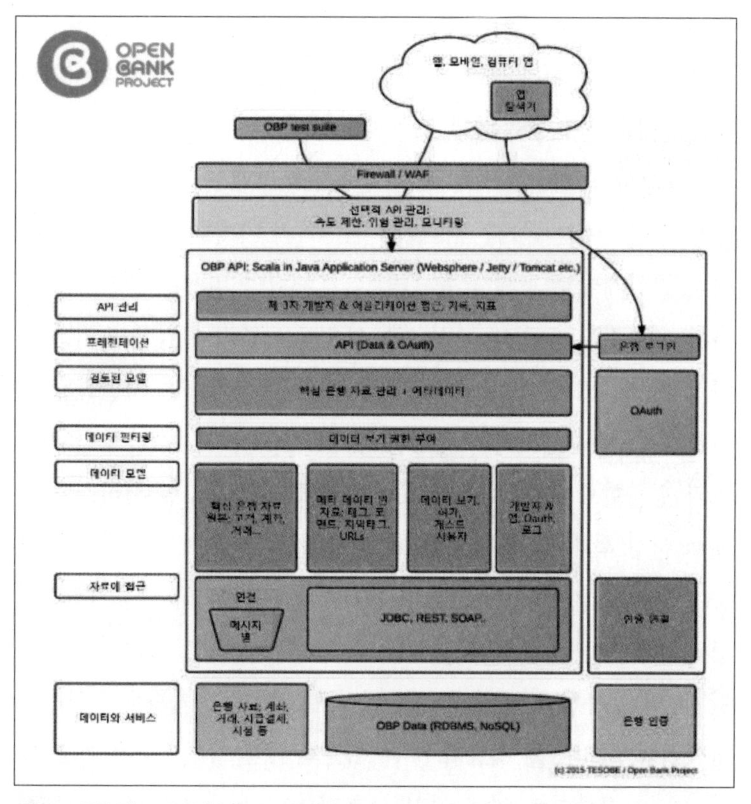

자료 : 오픈 뱅크 프로젝트(Open Bank Project)

금융회사, 핀테크 기업, 지급결제 중개기관 등은 신사업으로써의 개방형 오픈 응용프로그램 인터페이스(API) 플랫폼 시장과 사업구조에 대한 경험과 지식이 부족하기 때문에 대내외적인 통합과 갈등을 조정하는데 있어 이해관계의 상충 가능성이 존재한다. 그러므로 당국에서는 대내외적 경험 부족에서 발생하는 학습비용 및 갈등 조정비용 증가로 인해 플랫폼 경쟁시 가급적 공정한 경쟁의 토대가 조성되도록 유의해야 한다. 또한 정부의 핀테크 보호 및 육성정책에 의존하는 소규모 핀테크 기업들의 다양한 요구와 그로 인한 수용이나 조정 비용 부담이 과도하지 않도록 참여자의 이해관계를 치우치지 않게 조율해야 한다.

금융회사가 개별적으로 오픈 응용프로그램 인터페이스(API)를 추진할 경우에는 단기간 내 일정 수준까지 차별화가 가능하다. 그러나 중복개발로 인해 금융 산업의 전체적인 비용은 증가하고 유사한 서비스의 중복 및 난립 가능성으로 사회적 편익은 오히려 낮아질 가능성도 있다. 그리고 개별 추진 시 초기에는 차별화된 서비스로 일부 충성고객을 확보할 수 있으나 장기적으로 보면 서비스의 평준화로 인해 차별화 효과는 축소되고 유사한 서비스의 혼재로 시장 확대 및 사용자 확대, 이로 인한 지속적인 수익성 확보 등에 한계를 가져올 수도 있다. 즉 개별 추진은 타 금융기관과의 협의 과정을 단축하거나 생략할 수 있어 신속하고 유연하게 대응할 수 있고 충성도 높은 고객을 대상으로 타 금융기관보다 앞서서 차별화된 서비스를 제공할 수는 있으나 중장기적으로는 기술 및 서비스의 평준화로 인해 이러한 효과는 축소될 가능성이 존재한다.

공동 오픈 응용프로그램 인터페이스(API)는 많은 고객들의 수요를 고취해 보다 큰 시장을 형성하는데 도움을 줄 수 있으며 금융회사의 수익 향상에 기여할 수 있다. 금융회사는 개별적으로 개발, 유지하는 비용보다 더 낮은 비용으로 동일한 경제적 효과를 얻을 수 있고 핀테크 기업으로부터 오픈 응용프로그램 인터페이스(API) 사용 횟수(호출 횟수) 등에 비례해 일정한 수수료를 챙길 수도 있는데 이러한 수익 역시 핀테크 시장의 성장에 비례해 증가한다. 여기서 핀테크 기업을 통해 유입되는 수익은 기존 금융시장에서는 획득하지 못했던 수익이므로 수익원의 다원화 측면에서도 유리하다. 참고로 구글이나 페이스북 등 외국 사례를 보면 처음에는 오픈 응용프로그램 인터페이스(API)를 무료로 제공하다가 시장이 성숙됐다고 판단된 시점부터는 유료로 전환했듯이 국내 오픈 응용프로그램 인터페이스(API) 시장도 유사한 과정을 밟을 것으로 예상된다.

또한 공동 오픈 응용프로그램 인터페이스(API)는 핀테크 기업에게도 기회가 될 소지가 크다. 금융회사와 핀테크 기업 간의 시스템이나 업무 연동성이 표준화돼 금융회사와의 협약이나 시스템 개발, 장애 등 비정상적인 상황을 처리하는데 드는 비용, 노력, 시간을 절감할 수 있고 보안성이나 지속성의 향상, 수익성 개선 등의 효과도 기대 가능하다. 비슷한 사례로 최근 국경 간 송금서비스에 관심을 보이는 핀테크 업체들의 경우 제휴형 업무를 추진함에 있어서 법규준수의무 관련 서비스를 금융기관으로부터 제공받을 경우 상당한 비용절감이 가능하며 이는 결국 고객들의 이익으로 연결될 수 있다(최공필 외, 2016). 또한 신규 고객을 유치할 때 금융권이 이미 구축한 신뢰성이나 보안성을 활용할 수 있고(사고 발생 시 금융회사의 배상, 보상 등 포함), 여기서 절감된 투자 여력을 신기술이나 아이디어를 생산하는데 투입할 수도 있다. 이는 핀테크 시장에서는 영업과 홍보 역량에 치중하던 이전의 접근 방식을 아이디어와 기술력에 더 많이 할애할 수 있도록 해 조직력이나 자금력이 열악한 중소 핀테크 기업에게 좀 더 나은 사업 여건을 제공해 줄 수 있게 된다. 핀테크 기업들은 오픈 응용프로그램 인터페이스(API)를 통해 얻은 수익을 새로운 시장을 개척하거나 신기술을 개발하는 일 등에 투자하여 핀테크 산업이 성장하는데 기여할 수도 있다. 또한 핀테크 기업이 사업 확장에 유리한 여건을 지속적으로 향유하기 위해서는 금융회사와 수익을 배분하는 것도 필요하다. 핀테크 기업은 금융권에서 막대한 비용을 들여 구축한 오픈 응용프로그램 인터페이스(API)에 무임승차하기보다는 반대급부로써 수수료 등을 금융회사와 공유하려는 협력관계를 구축할 필요가 있다.

고객 입장에서는 검증된 오픈 응용프로그램 인터페이스(API)를 사용하면 다양한 핀테크 서비스로 일상이 편리해지고, 금융회사의 보증 능력에 기초한 핀테크 서비스의 보안성이나 안정성을 믿을 수 있게 되기 때문에 ①고객의 증가 → ②핀테크 기업의 수익 증가 → ③금융회사의 수익 증가 → ④금융회사의 투자 확대 → ⑤핀테크 산업 활성화로 이어지는 선순환 고리를 형성하는 데 기여하게 된다.

공동 오픈 응용프로그램 인터페이스(API)가 성공적으로 정착하기 위해서는 사용하기 편리하고 확장이 가능한 응용프로그램 인터페이스(API)를 개발하는 전략과 정책적 배려 또한 필요하다. 구글 등에서는 오픈 응용프로그램 인터페이스(API)의 충족요건으로 세 가지를 강조하고 있다. 배우기 쉽고, 설계 문서가 없어도 사용할 수 있을 정도로 간단하며, 유지보수가 편해야 한다는 점이다. 즉 오픈 응용프로그램 인터페이스(API)는 참여자들의 요구사항을 파악하고 이를 충분히 반영할 수 있어야 하며 사후에도 유연하게 변경할 수 있도록 설계할 필요가 있는 것이다. 또한 오픈 응용프로그램 인터페이스(API)는 지급결제분야뿐만 아니라 보험, 부동산, 리스 등 다양한 경제 활동 분야 및 글로벌 시장 진출까지도 고려해 설계해야 한다. 구글이나 페이스북의 오픈 응용프로그램 인터페이스(API) 플랫폼에 관련된 경비 인정, 규제완화 등 정책적 배려가 병행된다면 관련 기업들의 자발적인 참여와 조기 정착이 가능할 것으로 보인다.

한편 정부 주도로 오픈 응용프로그램 인터페이스(API)가 추진되는 점에 대한 이견이 있을 수도 있다. 앞서 살펴본 바와 같이 우리보다 앞서 오픈 응용프로그램 인터페이스(API)를 추진한 미국, 영국 등도 정부 주도로 오픈 응용프로그램 인터페이스(API)를 추진 중이며 이는 규모가 작은 핀테크 기업과 큰 금융회사 간 공정한 경쟁과 협력을 증진시키기 위한 배려로 보인다. 전체적인 방향은 정부가 정하고 세부적인 사항은 민간 금융권에서 정함으로써 하향식에서 오는 강력한 추진력과 상향식에서 오는 자율성 사이의 조화를 도모하고 있다. 물론 이렇게 정부 주도적으로 정책적 제도를 신속하게 마련하면 우리의 경우 대외 경쟁에서 외국보다 한발 늦었다고 평가되는 후발주자로서의 약점을 보완하고 전반적인 속도를 높일 수 있으며 금융 소비자에게 돌아가는 혜택도 단기간에 나타날 수 있다. 그러나 우리나라와 같이 정부주도방식의 발전전략에 익숙한 시장 환경의 경우 기대하는 효과를 내려면 민간과 시장중심의 발전이 우선시되도록 발전 초기부터 세심한 전략을 구사해야 한다. 특히 세부적인 곳까지 하향전달방식으로 프로젝트가 추진될 경우 궁극적으로 시장을 주도해야 할 민간주체들은 소극적 자세로 일관하게 되며 기술이 획일화되고 모험적 경쟁 토대는 훼손될 가능성이 크다. 핀테크 산업이 성숙하기 위해서는 기술을 핵심 경쟁력으로 삼아 새로운 서비스를 개발하고 경쟁을 유도할 필요가 있으므로 공동 오픈 응용프로그램 인터페이스(API) 출범 이후에는 보다 자율적으로 진입과 탈퇴가 가능한 패러다임으로 전환해야 한다. 또한 장기적으로는 참여자들이 자발적이고 주도적으로 플랫폼을 개선, 보완할 수 있도록 유도하는 일도 병행돼야 한다.

오픈 응용프로그램 인터페이스(API) 플랫폼으로 인해 우리나라의 독특한 지배구조에서의 지급결제 중개기관들은 ①금융공동망의 응용프로그램 인터페이스(API)를 개방해 플랫폼 사업자로서 핀테크 기업들에게 기회를 주는 역할을 하면서 ②공개된 응용프로그램 인터페이스(API)로 소액결제 시장에 진출한 핀테크 사업자들과 서비스 제공자 입장에서 경쟁해야 하는 양 측면에서 영향을 받을 가능성이 있다. 핀테크 기업들은 오픈 응용프로그램 인터페이스(API)를 활용해 핀테크 서비스를 개발, 제공하게 되므로 API는 중요한 핀테크 플랫폼이 될 것으로 전망된다.

그러나 핀테크 기업들은 응용프로그램 인터페이스(API)를 사용해 금융시장을 잠식하거나 금융회사와 직접적인 경쟁관계에 있는 서비스를 개발하기 때문에 오픈 응용프로그램 인터페이스(API)가 금융회사와 핀테크 기업 간 경쟁을 유발, 심화시키는 요인으로 작용할 가능성도 있다. 특히 지급결제 중개기관은 대고객 결제서비스, 개인 대 개인(P2P) 송금서비스 등 불특정 영역에서 핀테크 기업이 제공하는 서비스와 직접적인 경쟁관계에 놓일 수 있으므로 금융회사, 핀테크 기업을 포괄적으로 수용하고 조정해야 한다. 예를 들어 응용프로그램 인터페이스(API)를 개방하는 대가로 핀테크 기업으로부터 원가보전 차원에서 일정한 수수료를 받되 핀테크 기업과 금융회사 간 경쟁의 심화 정도, 금융시장의 잠식 정도, 고객의 불편 정도 등에 따라 수수료를 수시로 변경, 조정할 수 있는 레버리지 기능과 역할 수행이 필요하다. 그러나 궁극적으로 정부 산하의 규제 환경에서 고유의 역할을 수행해왔던 지급결제 중개기관들은 이제 보다 개방된 시장 환경에서 다양한 참여자들과의 협업을 통해 선진화된 서비스를 제공하는 데 주력할 필요가 있다.

응용프로그램 인터페이스(API)는 장터의 연관을 실현시켜주는 가장 중요한 도구다. 시장 친화적인 개방형 구조에서는 시장 참가자들의 네트워크 외부 효과[40]를 극대화하기 위한 응용프로그램 인터페이스(API) 인프라 구축 및 활용이 중요하기 때문에 이를 위한 업계 공통의 기준과 시장준칙을 제정할 필요가 있다. 응용프로그램 인터페이스(API)를 통한 지급결제 서비스의 성공 요인은 '다양한 상황과 장소에서 얼마나 빠르고 편리하며 안전하게 서비스를 완료하느냐' 하는 것이며 응용프로그램 인터페이스(API) 기반의 네트워크가 확장될수록 이와 같은 요인들을 충족시킬 가능성은 향상된다. 따라서 응용프로그램 인터페이스(API) 표준화 과정에서는 국제표준화[41] 제정 움직임을 지속적으로 참고해 국제기준 및 표준과의 호환성(Compatibility) 등을 감안하고 향후 플랫폼 경제(Platform Economics) 및 글로벌 개방 플랫폼 구현에도 대비해야

40) 한 경제주체의 행위가 대가 지급 없이 다른 경제주체에게 의도치 않게 미치는 혜택 및 손해가 네트워크 규모가 증가함에 따라 네트워크에 소속된 경제주체에게 한정해서 나타나는 현상.

한다. 특히 지급결제 중개기관은 앞으로도 기존의 인프라를 활용해 지속적인 지급결제 중심 플랫폼으로서의 역할을 수행해야 한다. 지급결제 중개기관은 핀테크 기업이 금융정보에 접근해 지급결제 서비스를 제공할 수 있도록 응용프로그램 인터페이스(API)[42]와 서비스 상용화의 테스트를 지원하는 등 금융권 공동 응용프로그램 인터페이스(API) 플랫폼[43]을 선도할 것이다. 한편 정부, 금융회사, 핀테크 기업이 상호 의견교환과 정보교류 및 공동협력 모델을 만들 수 있도록 일조하고 이러한 측면에서 은행 공동 오픈플랫폼이 효율적으로 활용되도록 지원하는 역할도 중요하다. 나아가 변화된 기술 환경에 적응하는 다양한 역할과 더불어 아시아 역내 및 국제적인 지급결제 서비스의 플랫폼 역할을 지속적으로 모색하는 일도 병행해야 한다(최공필, 2015).

구체적으로 지급결제 생태계의 발전을 선도하기 위한 오픈 응용프로그램 인터페이스(API) 표준화 및 구축 관련 역할 수행 또한 중요한데 은행 공동 플랫폼의 운영주체로서 이를 적극 활용해 지급결제는 물론 응용프로그램 인터페이스(API) 관련 표준화 및 가이드라인 설정에도 적극 참여할 필요가 있다. 응용프로그램 인터페

41) 국제표준화기구(ISO) 금융부분 기술위원회(TC68)는 오픈 응용프로그램 인터페이스(API)의 국제표준화가 필요한지 여부에 대해 세계 각 국의 금융표준 전문가들로부터 의견을 수렴 중(2015년 6월부터)인데, 결제서비스지침2(PSD2)의 계좌정보에 대한 접근성 보장으로 유럽 국가들은 오픈 응용프로그램 인터페이스(API) 국제표준화에 대해 높은 관심을 가질 것으로 전망되며 특히 영국은 금융 산업 통신 메시지 국제표준(ISO 20022)을 기반으로 오픈 응용프로그램 인터페이스(API) 국제표준화를 추진하는 것까지 구상 중.

42) 16개 은행에서 동일하게 활용할 수 있도록 표준화된 개방형 응용프로그램 인터페이스(API)로서 웹을 통해 제공.

43) 은행권 공동 오픈 플랫폼 구축을 통해 다양한 핀테크 서비스 개발이 쉬워지고, 테스트 등 개발에 걸리는 기간이 단축됨에 따라 참신한 아이디어와 기술을 가진 수많은 스타트업들이 금융 분야에 진출하여 다양한 지급결제 서비스를 제공할 수 있을 것으로 기대됨.

이스(API) 표준에는 지급결제 서비스 업계 공통 가이드라인을 포함시켜 지급결제 플랫폼으로서의 성장 가능성을 제고시켜야 하며 기존 지급결제 인프라를 중심으로 플랫폼 단위의 경쟁력 확보를 위해 모바일 지급결제와 관한 아시아 역내 및 글로벌 표준제정에도 적극 참여[44]해야 한다. 또한 제정된 오픈 응용프로그램 인터페이스(API) 표준은 금융권[45]을 중심으로 적극 수용하도록 권장하고 이후에 전 산업으로 확대할 수 있도록 관련기관 등과 협의 · 추진할 필요도 있다. 다시 말해 지급결제 중개기관은 플랫폼 경제로의 전환 관련 응용프로그램 인터페이스(API) 관리서비스의 중심 역할을 수행해야 하는 것이다.

미래지향적 규제 및 감독체계의 정비

새로운 서비스가 사회적으로 보급되고 활용되려면 안정성에 대한 신뢰가 확보돼야 한다. 다양한 참여자들의 역할을 통해 생태계 차원의 안정을 지켜낼 수 있는 노력이 중요하다. 우선 범국가적이고 범금융적으로 지급결제 관련 보안사고 대응 능력을 강화하기 위한 전문 자격 프로그램을 도입하는 것과 같은 인력 양성 프로그램이 필요하다. 미국은 지불카드산업보안표준의회(Payment Card

---

44) 한국은행 중심의 거대 결제기능과의 유기적 연관을 통해 국경 간 지급결제 능력을 강화하기 위한 세계표준(ISO 20022) 적용과 관련된 이슈 검토.

45) 은행과 비은행의 구분이 핀테크의 출현으로 와해되고 있는 상황에서 각 부분별 특성을 고려하지 않은 전체 금융권 응용프로그램 인터페이스(API)의 적용은 혜택보다는 혼란 상태로 이어질 가능성이 있음.

Industry Security Standard Council; PCI-SSC)가 금융사고 전문가(PCI Forensic Investigator)를 육성하기 위한 기한제 갱신형 자격 프로그램을 운용하고 있으며 일정 자격을 획득한 전문가가 직접 금융 및 보안 사고를 조사해 재발방지 대책을 마련하는 등 금융 보안 사고에 대한 원인분석과 사후관리, 사고예방 방안 마련을 구조적으로 강화하고 있다. 반면 국내는 금융 사고나 개인정보 유출에 따른 보안 사고가 발생하면 각 회사별로 자체적인 조사와 민사를 통한 손해배상으로 대처하고 있어 보다 체계적이고 근본적인 시스템 마련이 시급한 실정이다.

아무리 기술적 요인이 훌륭해도 현실과 접목되려면 적합한 여건이 형성돼야 한다. 환경적 측면에서 볼 때 플랫폼 차원의 변화가 우리에게 필요한 미래지향적인 노력임에 틀림없으나 현실적으로 관련된 준비는 여의치 않다. 그 이유는 기존 인프라의 문제와 미래 패러다임에 대한 공감대 형성의 부족에서 찾을 수 있다. 아무리 변화의 필요성이 강조된다고 하더라도 각자의 입장에서 어떠한 준비가 필요한 지를 파악하는 것은 다른 이슈이기 때문이다. 그리고 시스템 전반의 준비를 통해 다듬어진 체제 내에서 작동하는 각종 서비스들을 개별적으로 개선한다고 운영시스템(Operating System; OS)이 바뀌는 것은 아니다. 그렇기 때문에 일종의 소프트웨어 운영체제와 유사한 큰 틀에서의 변화 없이는 개별적인 소프트웨어가 작동하기 어렵다. 지금의 상황은 개별 소프트웨어가 질적인 변화를 수반하면서 빠르게 시장에 출시되고 있지만 이를 아우르면서 전체적인 변화로 엮어내기에는 준비와 공감대가 아직 미흡한 점이 많다.

특히 우리 경제는 과거의 성공 패러다임의 역설로 인해 기존의 토대를 빠르게 플랫폼으로 전환하는 것이 쉽지 않다. 가장 심각한 문제는 금융이라는 영역에서 새로운 서비스가 개발되고 전달되려면 법과 감독체제가 이를 뒷받침할 수 있어야 한다는 것이다. 금융서비스는 외부효과가 매우 큰 전통적 규제산업이기 때문이다. 즉 다른 산업과는 달리 감독 서비스의 범위 내에서 고객들에게 제공돼야 하는 미래의 금융서비스가 구체화될 수 있다. 따라서 법체계와 기술의 합작품으로 보는 것이 타당하다. 그러나 최근까지는 전자금융업의 세분화, 사전규제, 사고배상책임 등 기존의 칸막이식 법과 규제로 범위와 역할, 책임문제가 명확하게 정의되기 어렵다. 기존의 영역이나 국가 장벽을 넘어서 통합되고 연관된 새로운 금융서비스의 속성을 기존의 법이나 규제체계로 판단하기가 어렵다는 뜻이다. 그리고 서비스 자체가 복합적으로 변모하는 데 비해 점진적으로 수정되어 온 기존의 법체계의 토대에서는 제대로 파악 또는 인정되거나 규율되지 못하는 측면도 있다. 결론적으로 기존의 법과 규제체계로써는 새롭게 등장하는 다양한 구조의 전자금융업을 포괄하기 어려운 것이다.

실질적으로 금융상품이나 서비스에 대한 정의마저 수정되어야 하는 상황이지만 현재의 법체계에서는 무엇을 '금융' 서비스로 판단하는지, 은행과 전자금융업자의 구분이 과연 어느 정도로 가능한 지에 대해서도 불투명하다. 예로 대부업체 관련법, 개인 대 개인(P2P) 서비스를 위한 빅데이터 관련 개인정보관련 법은 중금리 영역의 금융 사각지대를 해소하는 효과를 기대할 수 있지만 자칫 기존 금융 안정의 틀을 위협하는 요인으로 둔갑할 수도 있다. 더

육이 세계적으로 거대 플랫폼이 이미 존재하는 상황에서 개별적인 시도는 결과적으로 우리의 지역적 · 개별적 내부 정보가 플랫폼 차원의 외부종속으로 이어지는 결과로 귀착될 수 있다. 이러한 상황에서 우리는 새로운 방향 모색과 대응을 통해 기존 플랫폼상의 종속을 피하고 자체 플랫폼의 육성을 통해 세계적 개방 플랫폼을 키울 수 있는 가능성을 모색해야 한다. 특히 현재의 변화가 기존의 발전 토대로부터 자유로운 환경으로 크게 뻗어나갈 수 있는 본질적 특징이 있으므로 법적 · 규제적 자체 조율비용이 막대한 우리나라나 선진국의 환경보다는 신흥시장으로의 우선적 진출이 합리적인 선택으로 판단된다. 즉 혁신의 씨앗을 기존 체계 내에서 사멸시키지 말고 보다 자유로운 환경에서 꽃피우도록 배려하면서 향후의 생태계에 정착시키는 방향으로 접근하는 것이 합당할 것이다.

〈국내 핀테크 관련 주요 법률〉

분류	주요 법률	주무부처
금융업 전체	금융 산업의 구조개선에 관한 법률	금융위원회
	금융실명거래 및 비밀보장에 관한 법률	
업권별 법률	금융지주회사법	금융위원회
	예금자보호법	
	이자제한법	
	유사수신행위의 규제에 관한 법률	기획재정부
정보통신	신용정보의 이용 및 보호에 관한 법률	미래창조과학부
	은행법	
	상호저축은행법	공정거래위원회
	여신전문금융업법	행정자치부

	자본시장과 금융 투자업에 관한 법률	
	보험업법	
	전자금융거래법	
	대부업 등의 등록 및 금융이용자 보호에 관한 법률	
	외국환거래법	
정보통신	정보통신망 이용촉진 및 정보보호 등에 관한 법률	방송통신위원회
	전자서명법	
	전자문서 및 전자거래기본법	
	전자상거래 등에서의 소비자보호에 관한 법률	
	개인정보보호법	
	위치정보의 보호 및 이용 등에 관한 법률	

자료 : 한국인터넷진흥원, 2015

물론 본질적으로 상충되는 변화의 흐름을 새로운 질서로 진화시키는 노력에는 상당한 시간이 필요할 것으로 보인다. 그러나 이러한 추세는 이미 거스를 수 없는 변화로 자리 잡고 있으며 이러한 변화를 주도하고 적응해가는 능력이 경쟁력으로 간주되는 세상이 펼쳐지고 있다. 따라서 기존의 금융서비스에 문제가 있었던 점은 분명하나 인류사회가 최선을 다해 진화시켜온 법과 규제체계를 블록체인으로 대표되는 분산시스템에서 작동하는 서비스를 수용하는 시스템으로 발전시키려면 사회구성원 모두의 참여와 공감대 형성이 필수적이다. 그렇지 않은 발전은 결국 현재의 사태에 이르게 한 자본주의 시스템을 재포장하는 결과를 초래할 뿐이다.

〈한국과 다른 국가의 규제 환경 차이〉

구분	한국	해외 주요국 규제 경향
인허가	전자금융업을 7개로 세분화, 한정적으로 열거함 · 각 업종 간에도 구분이 부적절하거나 모호한 경우가 존재함 (전자화폐와 선불수단) · 새롭게 등장하는 다양한 구조의 전자금융업을 포괄하기 어려움	전자자금이체(Money Transfer) 및 지급결제(Payment)로 구분하여 규제 · 새롭게 등장하는 사업형태도 포섭 가능함 (각 규정의 적용을 받는지 여부에 대한 해석상 논란 여지는 있음)
규제 체계	사전적 규제 방식 · 사전 보안성 심의 및 특정 기술의 사용 의무 · 사업자의 자율성이 낮고 신규 기술 및 서비스 적용에 소극적	사전 규제보다는 사후점검 및 책임 명확화, 시장자율성 인정 · 기술중립성 확보 : 인증방법 등 보안 기술에 특정기술을 강제하지 말 것을 권고
사고 배상 책임	금융회사/전자금융업자가 1차적 배상책임부담 · 비금융회사에 대해서는 구상권만 행사 가능 · 금융회사는 법적 책임을 모두 떠안는 구조로 인하여 신규기술 수용에 소극적 · 정보통신기술(ICT)업체는 배상능력이 있음에도 불구하고 금융회사와 제휴 어려움	사고 상황에 따라 전자금융업자나 정보통신기술(ICT) 기업, 금융소비자가 책임을 분담 · 관련 사업자 상호 간 계약에 따라 책임을 분산할 수 있음 · 금융회사가 큰 부담없이 새로운 기술을 채택할 수 있음

자료 : 이준희, 핀테크 트렌드에 따른 법과 규제의 변화 동향, 2015.

예를 들어 향후 크라우드 펀딩 법안이 통과되더라도 관련규제 및 시장 참여자들 간의 복잡한 이해상충관계를 포함한 시행여건에 대한 검토가 충분하지 않아 적지 않은 혼란이 예상된다. 특히 대부업과 유사한 금융서비스에 대해서는 새로운 크라우드 펀딩의 법체계 안에 수용하는 과정에서의 혼란도 불가피할 것으로 보인다. 서민금융 관련 생태계는 지원하고자 하는 주체나 방법이 무수히 많은 데 비해 실제 혜택이 고르게 돌아가는 지의 여부와 전체적인 금융 생태계와 균형 있게 작동하는 지의 여부가 불확실하며 시장과 정책노력 간의 조화 등 여러 요인들이 얽혀서 자체적인 투명성이 저하되고 있는 상태다. 또한 기존 법 체제 간의 장벽을 아우르는 특별법을 제정하려면 향후의 방향에 대한 사회구성원의 공감대 형성이 필요한데 이는 단기간에 이뤄지기를 기대하기가 어렵다. 따라서 혁신요소를 수용하려면 최대한 기존 시장 참여자들의 전향적인 자세가 중요하다. 이미 관련 생태계를 경험한 존재로서 기존 참여자들은 누구보다도 새로운 요인의 잠재적 위험요인을 잘 파악할 수 있을 것이다. 플랫폼 차원의 경쟁에 나설 준비가 되어있다면 다양한 요소들을 수용하는 자세를 가질 수밖에 없다. 이러한 구도 하에서만 감독서비스에 대한 노출도 합리적 수준에서 이루어질 수 있다.

핀테크 기술의 발전으로 불가피해진 변화된 금융환경에서 금융안정성을 지키기 위해서는 광범위한 차원의 노력이 불가피하다. 한 국가나 당국차원에서 추진할 사안이 아니긴 하지만 적어도 관련 역량을 구축해 향후 본격적인 주도에 필요한 준비는 해야 한다. 이러한 노력이 미흡할 경우 글로벌 기준을 일방적으로 강요당해야 하는 상황을 피하기 어려우며 생태계도 자체적인 발전보다는 외부로 유출될 수밖에 없는 잠재력을 함양하는 데 그치게 된다. 현재의 자본주의가 양극화의 폐해로 한계에 봉착했음을 인정한다면 핵심역량의 부재로 초래될 수밖에 없는 공동화(hollowing out)를 적극적으로 지연시키고 이곳을 핵심센터로 키우려는 전략을 구사해야 한다. 기술의 성격상 그리고 자본주의체제의 특성상 준비 없는 역량구축은 불가능하고 역량 없는 상황에서의 허브전략은 무의미하다. 즉 단기적인 실적위주의 접근은 생태계의 육성에 크게 기여하기 어렵기 때문에 창의성의 유출로 이어지기 쉽다.

한편 지급결제 관련 지배구조에도 상당한 변화가 불가피하다. 가장 우려되는 상황은 기존의 일사불란했던 중앙집권적 체제가 분산체제로 바뀌면서 수요기반이 약화되는 데 대해 어떻게 대응해야 하는가에 관한 문제이다. 기존에는 소수의 회원들로 구축된 대표중개기관으로서의 역할이 주어졌으나 미래에는 회원자체의 인센티브가 다양한 대안을 모색할 수 있는 새로운 여건이 전개될 것이다. 소위 개인 블록체인(blockchain)[46]의 발전 하에서만 생존기반을 유지할 수 있으나 기존의 토대를 유지한다면 이러한 여건이 보장되지 않는다. 모두가 참여해서 향유할 수 있는 서비스를 기존의 법적 토대를 근거로 소수의 사적 네트워크로 유지한다면 기본적으로 현상유지나 과거 지배구조의 연장이라고 간주할 수 있는 측면이 있기 때문이다.

보다 전향적으로 볼 때 근본적인 와해의 가능성을 잠시 접어둔다면 프로세스 효율화의 측면에서 다음의 방향을 모색해볼 수 있다. 기존의 지급결제 중개기관은 금융기간망으로서의 역할을 세계적으로 확대해 글로벌 지급결제 서비스 제공자의 역할을 모색해야 한다. 합법적인 규제의 범위 내에서 국경 간 송금서비스에 대한 수요증가에 부응하고 각종 시장 위험의 분산처리를 위한 글

46) 블록체인(Blockchain)은 공공 거래 장부이며 가상 화폐로 거래할 때 발생할 수 있는 해킹을 막는 기술을 말함.

로벌 차원의 플랫폼 구축에 힘써야 할 것이다. 새로운 분산처리 메커니즘을 활용한 국제 송금 등 새로운 지급결제 서비스에 대한 수요에 대응해 국경 간 개방형 지급결제 플랫폼 구축이 필요하다. 과연 이를 지금의 기관이 독자적으로 또는 다수의 참여를 허용하는 형태로 전개할 것인가에 대해서는 보다 심층적인 연구가 필요하다. 이와 함께 '송금연합(Remittance Coalition)'[47] 등 국제적인 지급결제 단체와 협조해 지급결제 관련 제반 이슈 해결에 적극 동참하고 국제적인 지급결제 및 위험관리 분야에서의 역량을 강화해야 한다. 플랫폼의 채택 가능성이 네트워크 외부성(Network Externality)에 있음을 감안해 아시아 역내 지급결제 플랫폼의 주도적인 역할을 모색하는 것도 중요하다. 또한 특정 카드사에 의존하는 결제방식(Visa · Mastercard Rail)을 탈피해 새로운 모바일 환경을 활용할 수 있는 지급결제 플랫폼의 개발 및 제 3시장 진출을 도모해야 한다.

이와 같이 신성장 동력을 위한 플랫폼 구축을 위해서는 내부적으로는 개방형 플랫폼 구축에 힘쓰고 외부적으로는 신흥시장과 지급결제 공동체 조성을 위한 응용프로그램 인터페이스(API) 개발과 관리방안을 모색해 국제적인 플랫폼 차원의 협력 토대를 마련해야 한다. 다만 기존체제로 인해 제한적인 입장을 견지할 수밖에 없는 경우에는 미래지향적인 관점에서 새로운 지급결제 프로세스가 정착되도록 우회하는 방법도 찾아야 한다. 현실적으로 지급결제의 연계성에서 소외되고 있는 제 3시장과 응용프로그램 인터페

47) 전자적인 기업 대 기업(B2B) 지급결제와 송금데이터의 사용을 증진시키기 위해 2013년에 결정된 단체로 240개 이상의 기업체, 산업협회, 금융회사, 소프트웨어 벤더, 지급결제 서비스 중개자, 표준기관 등이 활동.

이스(API), 데이터베이스를 연계한 개인 대 개인(P2P), 온라인 투 오프라인(O2O) 등 플랫폼 가능성에 대한 검토도 필요하다. 여기서 더 나아가 지리적으로 소외된 지역뿐 아니라 향후 신흥국을 중심으로 지급결제 서비스를 제공하는 역할 모색도 해야 한다. 이러한 제안의 핵심적 근거는 앞으로의 지급결제를 포함한 다양한 금융서비스의 개발과 제공이 과거와는 달리 다양한 형태의 협업구조로 이루어진다는 점과 다수가 참여하는 방식으로 유지된다는 점에 기반한다. 과거보다는 다양한 협조관계에 대해 익숙해져야 하고 과거의 허가받은 소수가 아닌 다수의 참여로 유지되는 안정성과 신뢰 기반 위에서 금융서비스가 제공된다는 점을 받아들여야 한다.

이를 고려하면 국경 간 자금이동 관련 건전성 가이드라인의 제정 등에 적극적으로 참여하여 글로벌 지급결제 오픈 플랫폼 제정에 유리한 지위를 확보하는 일은 매우 중요한 사안이다. 또한 금융사기 관련 다양한 요인들이 출현할 것에 대비해 사일로 방식에서 탈피해 위험 회피와 안전성 및 보안성에 대한 복합적이고 통합적인 관리를 위한 글로벌 선두 주자들과의 전략적 제휴[48] 방안도 준비해야 한다. 결과적으로 금융서비스 제공에 있어서도 과거와는 달리 플랫폼 차원의 접근이 절실해진 상황이므로 현재 은행 중심의 공동구축 시스템을 보다 개방적인 형태로 발전시켜 다양한 결제수요를 충족시킬 수 있어야 한다. 과연 미래에 전개되는 환경

48) 비트코인(Bitcoin) 후발 주자 중에서 가장 큰 송금서비스업체인 리플(Ripple Labs)은 8월부터 점차 도입을 추진 중인 본인 인증 이전에 자금세탁방지정책(Anti-Money-Laundering Policy) 위반으로 벌금을 내는 등 불법 거래에 대해 기존 인프라에 비하여 취약하므로 제휴를 통해 이러한 부분을 관리 감독해주는 역할을 할 필요.

에 대해 얼마나 의견수렴을 하고 합의를 도출할 것인가에 관한 문제는 결국 시간이 해결해줄 것이다. 다만 인류는 블록체인 자체의 인증방식과 유사한 방식으로 미래의 금융시스템을 발전시켜나갈 것이다.

시장 참여자 간 금융안정 위협요인들의 상호 연관성이 높아짐에 따라 참여자들이 자율적으로 협력하는 자율규제방식과 정책적 책임기관의 하향식 중앙통제방식을 병행하여 운용할 필요가 있다. 이를 위해서는 참여자들이 보안성에 대한 책임 인식을 가지고 지급결제 체계 구축에 협조하도록 유도해야 하며 금융회사는 보안사고 예방에 집중하면서 전문 인력과 예산을 확충하고 신속한 탐지와 차단 등 보안 관련 기반을 확충해야 한다. 그리고 보안 관련 기구와 협력해 지급결제 서비스 참여자가 자체 보안성 검토 시 기술 지원 및 보안 가이드 제공 등을 통해 자율보안을 지원할 필요도 있다. 우선 당국의 전자금융거래 법규 등을 원칙중심으로 정비하고, 상시감시 및 검사 강화 노력을 지원하며, 업계의 이익과 지급결제 중개기관의 발전적 역할을 모색하는 방향으로 나아가야 한다. 또 공동 오픈 응용프로그램 인터페이스(API) 이후 핀테크 기업에 보안 강화를 위한 서비스도 지원해야 한다. 단 서비스 편의성 급진화가 보안 프로세스를 지나치게 단축해 위험성이 증가되지 않도록 적절한 수위를 조절해야 하며, 이용자 편의성을 지나치게 해지치 않는 선에서 보안성을 강화하기 위한 핀테크 서비스의 기초적인 보안 품질 가이드라인이 정립되도록 노력해야 한다.

지금과 같이 복잡한 기관의 설립을 통해 생태계의 발전을 도모하는 전략은 과거에 매우 효과적이었다. 그러나 경험상 이러한 방식은 정작 미래생태계에 필수적인 민간과 시장의 역할을 저하시킬 수 있다는 점에서 바람직하지 않다. 특히 다양한 보안 관련 이슈를 특정기관 중심으로 모니터링하는 것은 비효율적이다. 오히려 민간 보안업체, 보안 관련 연구기관 등과 협력할 수 있는 분야를 지속적으로 개발하는 노력이 필요하다. 더 이상 정부주도의 기관구축을 통한 조기 생태계 조성 전략으로는 자발적인 민간주도의 생태계 발전을 기대하기 어렵기 때문이다. 그리고 지급결제 중개기관의 참가자들이 다변화될 가능성이 있으므로 수시로 그들의 보안요구 사항을 살피고 의견을 청취함으로써 혼란 요인에 적극적으로 대처해야 한다.

핀테크 기업들의 수익률이나 금융시장 점유율이 기존 금융회사에 견줄 정도까지 도달하려면 많은 시간이 걸리겠으나 시간이 지남에 따라 조직 생태학적 관점에서 시장 지배자로 등극할 상황에 대비해야 할 필요가 있다. 인터넷전문은행의 경영 성과에는 경험, 지식, 외부 네트워크의 부족 등으로 인해 발생하는 경험과 학습효과, 규모의 경제효과(Economies of Scale)가 작용할 것이다. 또한 예금자를 유인하고 대출 수요자를 찾으며 이윤 기회를 창조할 수 있는 시간적 여유가 필요할 것이고 소비자의 수요 제한을 해소하기 위해 기술 발전과 폭넓은 비즈니스 모델에 대한 시행착오가 요구될 것으로 보인다. 그리고 기업 성패에 영향을 주는 요인에 관한 다양한 관점이 있을 수 있겠으나 핀테크 기업은 조직 내 전략, 구조, 역량 같은 내부요인보다 핀테크 산업이나 국가 구조적 속성과 같은 외적요인에 크게 좌우될 것이다.

당국, 금융회사, 핀테크 기업의 협력이 지속되고 핀테크 기업의 지급결제 서비스에 대한 참여가 더욱 확대될 것에 대비해 관련 참가자들과 자발적 협력체계 구축[49]도 필요하다. 지급결제 영역에서 비금융회사가 시장을 잠식해 오는가 하면 국가 간 거래 활성화 등으로 해외 사업자와의 경쟁도 현실화되고 있다. 이처럼 정보통신기술(ICT)이 금융에 미치는 영향이 커지는 시장 구도에서는 배제되지 않도록 외부와 협력을 강화하는 등 적극적인 전략 선택이 필요하다.

무엇보다 금융당국, 금융회사, 핀테크 기업과 협력을 통해 보다 시장친화적인 개방형 구조가 발전돼야 한다. 현 핀테크 환경의 핵심인 연계성 제고를 감안할 때 관련 서비스를 고객 기반에서 제공하기 위한 것이며 이러한 시장 친화적 개방형 구조를 갖기 위해서는 규제 완화 등 정부에 의한 지원 노력도 필요하지만 지급결제 서비스 참여자들 간의 참여와 협조[50]를 유도해야 하기도 한다. 가상화폐거래소, 핀테크 기업에 대한 자본투자사(NYCA) 등 국내외 핀테크 산업의 리더들과 협조체계를 구축해 역량을 확충[51]할 수도 있다. 그리고 핀테크 기업을 경쟁자나 별도의 존재가 아닌 새

---

49) 영국의 경우 영국 금융당국이 기존 지급결제 서비스와 신규 참여자 간 지급결제 시스템의 개발 전략을 논의하기 위한 지급결제전략포럼(Payment Strategy Forum)의 구성을 검토 중이고, 금융감독청(FCA)의 프로젝트 이노베이트(Innovate)에 참여하여 기업이 혁신적인 서비스와 상품을 제공할 수 있는 규제 환경을 조성할 수 있는 규제 환경을 조성하고 잉글랜드은행(Bank of England)과 경쟁시장국(Competition & Markets Authority) 등과 협력을 강화해나갈 계획임.

50) 대부분의 성공적 핀테크의 경우에도 은행과 정부, 감독기구와의 긴밀한 협조체계 하에서 활동범위를 확대함.

51) 대표적인 혁신적 송금 핀테크인 클릭엑스(KlickEx)의 경우에도 11개 은행, 3개의 중앙은행, 정부와 연결되어 있으며(스위프트, UN 자본 개발 프로그램, 세계은행, 국제통화기금: SWIFT, The UN Capital Development Program, World Bank and the IMF) 네트워크 규모도 글로벌 기반을 가지고 있음. 즉 향후 생태계에서의 생존과 성공을 위해서는 다양한 참여자와 연결되어야 하며 글로벌 마켓을 기반으로 영업을 하여야 함.

로운 생태계에서 보다 큰 역할을 수행해야 하는 파트너로 인식해야 한다.

소비자 보호, 법률 및 제도 정비[52] 등과 같은 정부의 노력은 절대적으로 중요하다. 향후 전자금융업종 구분을 재설계하거나 지급결제 서비스 제공자에 대한 규제사항을 거래규모 등에 따라 차등화하는 등 새로운 규제체계에 대한 검토도 필요하다. 또한 사후책임을 강화하고 서비스의 장애나 보안 사고 등이 발생할 경우를 대비한 소비자보호체계 구축 등 핀테크 환경에 부합하는 새로운 제도 개정 등에 금융 산업의 입장도 적극 반영해야 한다.

현재의 변화 추세에서 가장 심각한 변화 압력은 그간의 지급결제 관련 기관에 집중될 것으로 보인다. 따라서 지급결제 중개기관은 지급결제 시스템의 중장기 로드맵을 조망하는 작업을 해야 한다. 중장기적인 금융안정의 관점에서 급변하는 환경에 부합하는 지급결제 서비스를 지속적으로 제공하는 등 발전 방향을 지속적으로 검토하면서도 새로운 기술 요인에 대한 정확한 이해를 바탕으로 비금융주력자 및 핀테크 기업 등과의 협력을 적극적으로 주도해야 한다. 이와 함께 지급결제 중개기관은 환경 변화에 대응해 시장 친화적인 개방 환경을 조성하려는 당국 등 관련 기관 지원에도 힘써야 한다. 많은 핀테크 기업들이 개별 금융회사와 협력해 핀테크 서비스를 개발하려고 노력하고 있으나 실제 금융회사와 협약을 성공적으로 맺어 금융회사가 갖고 있는 데이터나 서비스에 원활하게 접근하고 이를 성공적으로 활용한 사례는 많지 않은

52) 영국의 경우에도 금융감독청(Financial Conduct Authority; FCA)을 중심으로 규제체계를 정비함으로써 '개방된' 핀테크 혁신(Fintech innovation)을 적극 지원하고 있음.

게 현실이다. 여기서 지급결제 중개기관은 금융당국, 금융회사, 핀테크 기업 등이 의견교류, 정보교환 및 공동의 협력 모델을 만들 수 있도록 여건을 조성하는데 일조하고 핀테크 기업과 금융회사가 협력해 발전된 지급결제 서비스를 개발할 수 있도록 중개 역할을 해야 한다. 그리고 국경 간 자금 이동에 대한 수요의 증가, 비중앙 집권적인 분산시스템(Distributed System)의 출현 등에 대비하여 다각적인 대응 차원에서도 국제적인 지급결제 허브 역할을 수행할 수 있도록 외부 역량도 강화해야 한다. 지급결제 중개기관과 핀테크 기업 간의 직접적인 경쟁을 완전히 배제하기는 어려울 것이므로 핀테크 산업의 성장과 발전에 기여한다는 측면에서 새로운 서비스를 지속적으로 개발해 경쟁력을 확보하는 것도 지급결제 중개기관의 과제이다.

실제로 핀테크의 가장 혁신적인 기술요인으로 간주되고 있는 블록체인 기반의 비트코인이 다른 대안(디지캐시, 비코인; Digicash, Bcoin)에 비해 성공적이었던 이유는 많은 개발자와 사용자를 끌어들였던 절충형 개방구조 즉 플랫폼 전략의 구사가 가장 결정적인 이유로 간주된다. 즉 다양한 이질적 집단을 끌어들여 연관을 만들어가면서 가치를 창출하는 플랫폼적 사고방식이 최근 우리가 관찰하는 와해성 혁명의 근간이라고 판단할 수 있다.

기존 규제체계의 한계를 극복하려면 일방적인 규제완화보다는 미래 환경에 필요한 규제의 방향과 기술요인에 대한 이해에 기초해 균형 잡힌 접근이 강조돼야 한다. 플랫폼 차원의 변화가 대세이고 우리나라도 이에 대한 적응과 대비가 절실한데 비해 우리의 현실은 절대적으로 필요한 변화에 우호적이지 않다. 그리고 가장 심각한 문제는 감독서비스의 범위 내에서 고객들에게 제공돼야 하는 미래의 금융서비스가 기존의 칸막이식 법과 규제로 범위와 역할, 책임 문제가 명확하게 정의되기 어렵다는 점이다.

〈핀테크 발전을 위한 영국과학청의 정책 제언〉

분야	정책 제언
정책 비전	행정부, 규제기관, 무역협회, 기업, 학계 등 각계각층으로 구성된 핀테크 자문단(Fintech Advisory group) 설립
	학계, 기업 등 다양한 부문에서 핀테크 관련 문제해결(Grand challenge)을 위한 프로그램 구성
기술	빅데이터, 분석, 사회경제적 효과 등 핀테크 관련 연구를 촉진
산업, 인력, 정책	자문단과 규제기구, 영국 은행의 협력을 통해 핀테크 부문 예상 위험, 위협 관리, 지원, 모니터 등 이슈 분석(Horizon scanning) 추진
	핀테크 산업 인재 양성을 위한 교육 추진
	핀테크 산업의 글로벌 허브로 부상할 수 있는 추진 과제를 개발
	창업기업부터 기존기업까지 핀테크 시장을 활성화시키는 정부의 전략적인 포지셔닝 추진
사업 모델	시스템 위협과 소비자 권리 침해없이 시범사업 활성화, 신기술 테스트 및 소비자 제안 등을 활성화할 수 있도록 금융규제기관의 역할 정립
글로벌화	무역청과 기업혁신기술부의 협력으로 핀테크 혁신이 지속가능한 글로벌 허브 추진
금융 규제	지속적인 연구와 분석을 위한 규제 인프라 레그테크(RegTech)를 기반으로 자율적 규제환경 조성

자료 : 영국과학청(Government Office for Science), 2015.

이처럼 그동안 대표적 규제산업으로 영위된 '금융'의 미래는 지금과는 사뭇 다른 모습으로 전개될 것으로 보인다. 가장 보호됐던 분야가 급격한 변화의 압력 하에서 예측하기 어려운 모습으로 변모할 수 있기 때문이다. 이미 크라우드 펀딩, P2P 대출 등 소위 중간 역할을 뛰어넘을 수 있는 와해성 기술(disruptive technology)의 출현으로 다른 산업과의 장벽이 허물어지면서 규제체계도 전대미문의 혼란 속으로 빠져들고 있다. 이같이 변화의 모습이 심각하고 본질적이므로 변화를 받아들이는 사회구성원 간의 갈등요소도 그만큼 커질 것이라고 생각한다. 따라서 금융안정과 소비자 보호라는 틀을 지켜내기 위한 미래 금융규제는 어떠한 방식으로 바뀌어야 하는가는 세계적인 관심사로 부각되고 있다.

어떻게 보든 제3 신뢰기관(trusted third party)이 불필요해진 블록체인 등 분산시스템의 도입이 가시화되면서 기존의 사일로(silo)식으로 규제되었던 금융시스템의 미래 모습은 불투명해졌다. 감독과 규율대상이 수평적 구조로 변모하면서 수직적 감독규율체계의 전면적 손질이 불가피하다. 다만 이러한 변화의 필요성은 다수가 공감하기 어려운 측면을 가지고 있다. 그래서 지키려는 자와 변화를 주도하는 자들 간의 밀고 당기는 난항이 예상된다. 설혹 변화가 미래 성장 동력으로 전환되더라도 구성원 간의 이해 상충관계는 불가피하다. 없어지는 일자리와 새로 생기는 일자리, 각자에 미치는 상이한 영향은 가뜩이나 양극화로 약화된 공동체의식을 더욱 약화시키고 사회 갈등 요인으로 부각되기 쉽다. 또한 시장 진입 장벽으로 주목받고 있는 규제를 없앨 경우의 예기치 않은 부작용도 공히 고려돼야 하는 부분이다.

이래저래 모든 것이 연결된 초연결사회로 진입하면서 금융의 미래와 산업 구조의 변화는 불가피하다. 금융시장 안정을 지키기 위해 권역별로 모니터링하는 것이 큰 의미가 없어졌다. 주목할 사안은 연결된 개인과 시장의 여건 하에서 기존의 분할과 모니터링의 방식으로는 시스템 위험을 관리하기 어렵다는 점이다. 국경을 넘나드는 서비스를 국가적 토대 위에서의 모니터링과 규제로 규율하기도 어렵다. 금융서비스의 성격이나 전달 경로 자체가 본질적 변화를 겪고 있다. 즉 연결된 수요 기반은 연결된 시장에 대한 참여자들의 접근 방식이 공히 달라져야 함을 시사한다. '금융안정'과 '소비자 보호'라는 굵직한 원칙이 훼손되지 않으려면 기존 참여자들의 인식과 태도, 시장구조가 모두 변해야 한다.

사실 그동안 우리나라의 금융 산업은 오랫동안 공급자 중심의 패러다임에 귀착돼 왔다. 더욱이 우리나라의 금융 산업은 법적으로 보호받는 금융서비스 공급자인 은행, 증권, 보험 등 업권별로 구축돼 있다. 규제체계도 마찬가지이다. 다면적 시장에서 수급 구조마저 모호해지면서 공급자 위주의 패러다임이 수요자와 시장위주로 전환돼야 한다. 그렇다고 미래의 그림 없이 기존 체제와의 연속성을 소홀히 다루기도 어렵다. 결과적으로 금융의 미래 변화에 대응하기 위한 금융규제는 진화적 토대 위에서 협업과 개방전략으로 이루어져야 한다. 금융의 근간은 신뢰(trust)이고 신뢰의 근간은 공감대이기 때문에 사회구성원이 공히 받아들일 수 있는 진화의 과정이 절대적으로 필요하다. 다양한 관변기구들의 그늘로 드리워진 안온한 생태계와 각개전투식의 일방적 추진은 절대 금기사항이다. 분명 정부나 규제당국의 주도가 아니라 시장과 민간 참여자들의 적극적 참여와 주도로 금융의 패러다임이 바뀌어야 한다.

금융 산업의 미래를 위한 규제도 질적인 변화가 불가피하다. 우선 대리인 문제를 완화하기 위한 시장 감시 기능은 미처 경험한 바 없는 금융서비스의 질적 향상을 위해 필수적이다. 어떤 경우에도 효율적인 규제는 사회적 효용제고를 위해 필요 불가결하다. 감독과 규제의 근거인 모니터링에서도 빅데이터와 인공지능의 다양한 엔진들이 널리 활용될 것으로 보인다. 그동안 수시로 요구돼왔던 법규준수 의무나 감독당국의 실사 부담도 데이터 분석 및 백오피스 기능으로 대체될 것이다.

가장 시급한 규제차원의 대응은 조급한 시행령의 양산이 아니라 시장 스스로의 자정기능을 활용하기 위한 원칙 중심의 체계 확립이다. 예로 최근 국경 간 소액송금 관련 정부부처의 시행령 개선 노력은 미래 규제 감독 차원의 다양한 필요성을 제시해준다. 국경 간 소액송금은 기재부의 외환거래법과 금융위의 전자금융법을 아우르는 새로운 서비스이기 때문이다. 현재로서는 자본금이나 기타 자격요건 관련 규정을 완화하는 방향으로 대응하지만 여전히 다수의 핀테크 기업들에게는 이해하기 어려운 진입장벽이다. 이들이 새로운 금융서비스 제공자로 커나가려면 최근 이슈화되고 있는 비트코인 송금방식을 포함해 새로운 수단과 방법에 관한 법적 해석과 가이드라인이 필요하다. 또 다른 사례로 최근 인터넷은행에 대한 은산분리 완화[53] 이슈가 있다. 한쪽은 금융소비자가 양질의 금융서비스를 받을 수 있도록 규제를 완화하자는 의견이고 다른 쪽은 금융시장 안정 위협요인을 제기한다. 그러나 우려되는 부분은 사실상 규제당국은 은행과 대주주 간 이상 거래 징후를 사전에

53) 산업자본의 은행지분 소유제한 규제를 완화하는 것.

포착하거나 실시간 모니터링으로 적시에 개입할 수 있다는 점이다.

무엇보다도 규제차익이 엄연히 존재하는 현실과 금융 소비자들이 별개의 법과 규제의 틀로 규율되는 것은 바람직하지 않다. 결국 시장에 직접 참여하고 활동하는 민간들의 판단을 최대한 존중하는 관점에서 공정한 생태계를 키워나가려는 당국의 큰 그림이 여전히 중요하다. 영국 등에서 시행 중인 규제 샌드박스(regulatory sandbox)[54] 방식은 바로 참여자들 간의 자율적 합의를 유도하기 위해 시장에서의 반응을 지켜보려는 참을성 있는 태도다.

결과적으로 연결된 시장과 소비자들에게 접근하려는 플랫폼의 발현 그리고 이들 간의 연관은 규제와 감독에 심각한 부담을 안겨주고 있다. 일일이 모니터링하기도 어렵고 위험요인을 파악하기는 더욱 어렵다. 따라서 민간자율의 판단과 선택 그리고 이러한 분산 환경에 적합한 자율규제의 정신이 더욱 강조돼야 한다. 자율의 근본은 어디까지나 시장 인센티브다. 다만 이 과정에서 사회구성원의 프라이버시나 개인재산권을 침해하는 어떠한 행위도 용납하지 않는 사회적 공감대는 필수사항이다.

결국 미래 금융에서 금융규제의 핵심은 금융서비스를 만들어가는 과정과 동일하게 시장자체의 자정기능과 민 · 관의 협업구조에 근거해야 한다. 시장이나 기술, 규제의 어느 한쪽에만 치중해서는 안 된다. 시장과 참여자들이 다양하게 연관되는 플랫폼 환경에서 시장 질서를 교란시키려는 다양한 요인들은 상당 부분 협업차원의 자체적 노력으로 걸러져야 한다. 그러므로 시장 참여자들과 당

---

54) 규제 샌드박스(Regulatory Sandbox)는 새로운 제품이나 서비스가 출시될 때 일정 기간 동안 기존의 규제를 면제 및 유예시켜주는 제도.

국과의 끊임없는 대화 창구는 필수적 요소다. 개방과 협업 그리고 다수의 참여를 토대로 시장의 검증을 거친 자율적 규제감독 가이드라인은 이 시대의 통합된 위험요인으로부터 금융 안정과 소비자 보호를 지켜내기 위한 가장 합리적인 선택이다.

〈금융의 미래와 금융규제〉

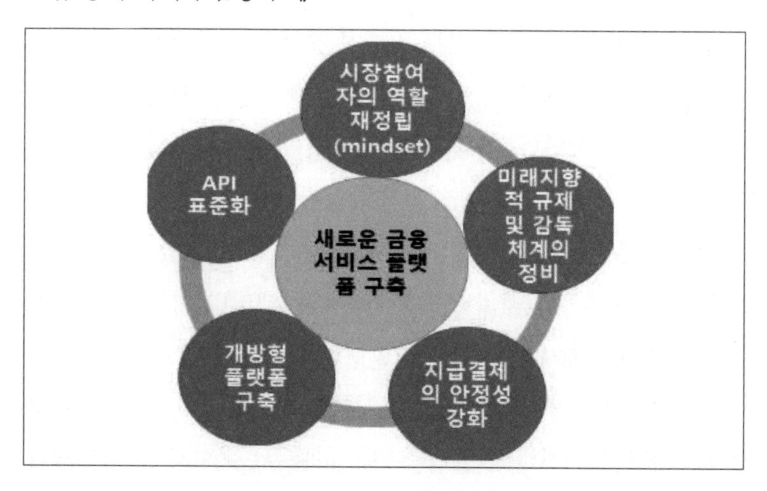

디지털 카르텔(cartel)에 대한 대비

최근 많은 온라인 서비스들은 인터넷에서 발생하는 데이터를 처리해 또 다른 데이터나 의미 있는 정보를 재생산하는 알고리즘에 의해서 구현되고 있다. 새로운 패러다임에 접어든 인공지능에 대한 기술확보 경쟁이 심화되면서 인공지능 알고리즘에 의한 자동화도 더욱 빠르게 확대될 것이다. 이에 따라 전자상거래, 공유경제 등 인터넷과 컴퓨터를 기반으로 한 디지털 경제가 확대되면서 새로운 유형의 담합 현상이 발생할 수 있다. 이것이 바로 디지털 카르텔(digital cartel)이다. 디지털 카르텔은 경쟁사업자들이 알고리즘을 이용하여 가격, 공급량 등을 조정하거나 관련 정보를 공유하는 형태의 기업 담합행위를 의미한다[55].

4차 산업혁명에 따른 알고리즘에 기반한 거래는 거래비용을 낮추고 공급자와 소비자의 정보 비대칭 문제를 완화해 투명하고 효율적인 시장을 가능하게 했지만 이러한 특징이 담합에 유리한 결과로 이어질 수 있다. 특히 담합의 과정이 알고리즘에 의해 수행될 경우 담합의 발생 가능성과 지속성이 높아질 수 있다. 투명성과 거래 빈도가 높은 디지털 시장에서는 기업 간 합의가 없더라도 담합의 결과가 나타날 수 있기 때문이다. 그러나 이는 기존의 경쟁법으로 규제하기 힘든 사례로 발생할 가능성이 높다.

디지털 카르텔에서 알고리즘의 역할은 4가지로 나누어 볼 수 있는데, 먼저 모니터링 알고리즘(Monitoring Algorithms)은 카르텔에 참여한 경쟁사의 가격, 수량 정보를 자동적으로 수집하는 알고리즘으로 담합에 참여한 기업의 이탈을 억제하는 역할과 카르텔의 지속성을 높이는 결과를 초래할 수 있다. 병행 알고리즘(Parallel Algorithms)은 담합에 참가하는 기업들의 가격을 자동적으로 일치시키는 알고리즘으로 경쟁기업들이 동일한 가격결정 알고리즘을 사용함으로써 직접적인 의사교환 없이도 경쟁기업들의 가격이 목표한 수준으로 동시에 움직이도록 한다. 담합에 참여한 모든 기업이 동일한 가격 조정 소프트웨어를 이용함으로써 시장 상황이 변

55) 김건우, LG경제연구원, 2017.

화하더라도 추가적인 합의 과정 없이 가격을 동기화할 수 있다. 신호 알고리즘(Signaling Algorithms)은 주도적 기업이 가격 인상 신호를 경쟁기업에 보내고, 이를 받은 경쟁기업이 가격 인상에 동의할 것이란 신호를 회신할 경우, 공동으로 가격 인상을 하는 알고리즘이다. 경쟁기업이 인식할 수 있는 신호를 매우 짧은 시간 동안 반복적으로 주고받게 해줌으로써 담합의 성공 가능성을 높여주며 암묵적 담합을 위한 신호인지 아닌지를 신호의 분석 필요성 때문에 적발하기가 쉽지 않다는 특징을 가진다. 자가 학습 알고리즘(Self-learning Algorithms)은 딥러닝 알고리즘처럼 경험으로 획득하는 데이터로부터 스스로 성능을 향상시키는 알고리즘을 이용하는 것으로 개발자가 프로그래밍하지 않아도 알고리즘이 경쟁보다는 담합이 더 나은 재무적 성과를 낼 수 있다는 것을 스스로 학습할 수 있다. 따라서 이 경우에는 어떠한 법적 판단을 내려야 할지 명확한 답이 없는 상황이 발생할 수 있다.

〈디지털 카르텔에서 알고리즘의 역할〉

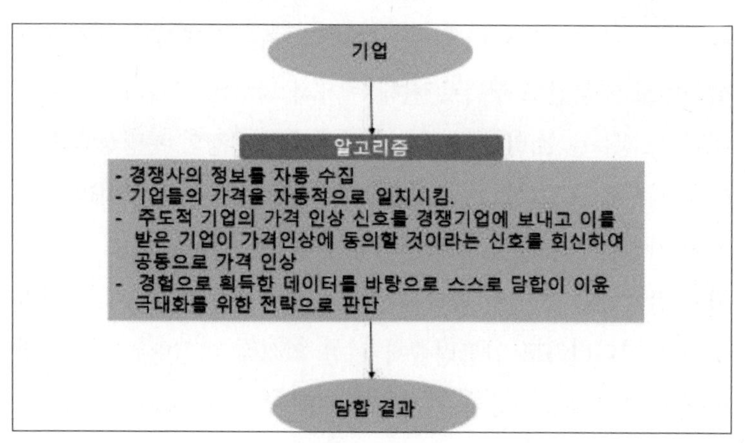

디지털 카르텔은 정보를 수집, 분석하고 이를 바탕으로 의사결정을 내리는 과정에 사람의 개입이 어느 정도 있느냐에 따라 법적 책임 여부가 크게 달라질 수 있다. 알고리즘이 사람의 명령을 수행하는 수동적인 역할을 수행하는 메신저(Messenger) 유형의 경우, 최종 실행을 알고리즘이 했을 뿐, 합의의 증거와 담합의 의도는 당국의 조사를 통해 밝혀낼 수 있으므로 비교적 명백히 위법성을 확인할 수 있다. 허브 앤 스포크(Hub-and-Spoke) 유형은 플랫폼 사업자와 수직적 관계인 기업들이 플랫폼 가격결정 시스템을 이용하게 되면 모든 경쟁 기업들이 동일한 병행 알고리즘을 이용하는 것과 유사한 효과가 발생하며 상호 경쟁 관계에 있는 사업자들 사이에는 의사교환이 없었지만 수평적 합의의 효과가 나타나는 유형이다. 이 경우 담합의도가 없더라도 플랫폼 정책을 수용하는 과정에서 묵시적 합의를 한 것으로 판단될 가능성이 높아져 법적 불확실성을 높이는 결과를 초래할 수 있다. 따라서 당국도 지침 마련을 통해 규제의 불확실성을 낮출 필요가 있다. 예측 가능한 담합 유형은 기업들이 알고리즘을 이용해 경쟁 기업의 행위를 상호 예측하고 즉각적으로 대응하는 것으로 기업 간 명시적 합의가 없었음에도 가격선도 행위로 인해 묵시적 담합의 결과가 나타나는 것이다. 정부는 소비자 주권을 향상시키고 시장의 투명성을 높여 가격 경쟁을 촉진하려는 정책을 내놓고 있는데 상황에 따라서 이것이 기업의 담합을 조장해 소비자의 후생을 떨어뜨릴 수 있는 상황이 발생하는 것이다. 묵시적 담합을 적발하기 쉽지 않으며 과점 상태가 아니더라도 알고리즘에 의한 의식적 병행행위가 나타날 수 있으므로 알고리즘이 거래를 주도해 담합은 쉬워지고 적발은 더욱 어려워져 당국에 큰 도전과제가 될 수 있다. 인공지능 알고리즘의 정교한 예측력에 의해 초래되는 담합 유형은 기업의 의사결정권을 인공지능 알고리즘에 위임한 상황에서 이 알고리즘이 데이터를 학습해 경쟁기업과 소비자 행동 패턴을 정확히 예측함으로써 발생하는 담합을 의미한다. 경쟁 제한적 환경 초래 및 완전 독점시장, 완전 경쟁시장, 완전 가격 차별의 상황도 만들 수 있다. 이 경우는 법적으로 가장 대처하기 어려운 상황으로 기업이 인공지능의 자율적 병행행위를 인지하지 못하거나 당국이 인지 여부를 증명하는 것이 어려울 수 있으며 인공지능에 대한 법적 지위도 부재한 것이 문제가 될 수 있다.

최근 전 세계 정책당국은 디지털 카르텔 및 빅데이터에 의한 경쟁제한 행위, 플랫폼에서의 불공정 거래 문제 등 새로운 경쟁 환경에서 발생하는 경쟁제한 행위에 대해 활발히 논의하고 있다. 점점 더 지능적이고 은밀하게 담합이 진행되고 있는 현재 상황에서 합의가 필요 없는 디지털 카르텔의 부상은 경쟁당국에 큰 도전과제이다. 문제는 사업자의 의지와 관계없는 담합의 결과가 사후적으로 초래될 수도 있다는 점이다. 이런 상황에서 제도적 공백이 장기화될 경우, 알고리즘을 이용하여 묵시적 담합에 나설 가능성도 있다. 특히 우리나라는 경쟁 사업자들 간의 정보교환만으로 합의가 추정되지 않는다는 판례가 준용되고 있는 상황이므로 디지털 카르텔에 대한 법적 공백이 더욱 확대될 가능성도 배제할 수 없다.

디지털 카르텔에 대한 대응방안으로 다양한 제안이 있는데 먼저 당국이 기업이 채용하는 알고리즘을 미리 검증하는 알고리즘 감사(Algorithm Audit) 방법이 있다. 그러나 이는 특정 기업의 영업기밀이나 지식재산권을 침해할 우려가 있으며 전문가가 쉽사리 해석하기 힘든 경우가 발생할 수 있다는 문제가 있다. 또한 준법비용이 과다하게 발생해 기업의 혁신활동을 저해할 수도 있다. 다음으로 알고리즘에 대한 법적 지위를 부여하는 방법이 있는데 이는 기업을 인격적 존재로 해석하여 법적 권리와 책임을 부여하듯이 인공지능 알고리즘도 고유의 법인으로 규정할 것을 제안한다. 2017년 유럽의회가 로봇에 대해서 '전자인(Electronic personhood)'라는 법적 지위를 부여하는 것을 제안하고 결의한 것이 여기에 해당한다. 담합 가능성이 있는 알고리즘을 개발하거나 도입하는 것도 담합의 의도가 있는 것으로 해석할 수 있도록 법 적용 범위를 확대하는 방안도 있다. 또 규제당국이 빅데이터와 인공지능 알고리즘을 이용하여 시장의 정보를 수집하고 경쟁 상황을 판단하여 감독을 효율적으로 수행하는 레그테크(Regtech)를 활용하는 방법도 제안됐다. 이를 통하면 감독에 소요되는 비용과 시간을 절약할 수 있고 금융회사들도 컴플라이언스 비용을 효과적으로 절감할 수 있다. 공정거래위원회의 입찰담합징후분석시스템이 그 예다. 소비자 이슈 파악과 알고리즘의 투명성을 조사하는 기술 분석 전담 부서를 설치하는 방안도 있는데 미국 연방거래위원회(Federal Trade Commission; FTC)의 기술연구조사국(Office of Technology Research and Investigation; OTech)이 이에 해당한다. 마지막으로 소비자도 알고리즘을 활용해 개인들이 거대 기업의 구매팀과 같은 협상력(bargain power)을 구성하여 기업에 대응할 수 있게 하는 방안이 제안됐다. 이는 시장 친화적인 방식으로 개입의 부작용이 적을 수는 있지만 수요 독점과 같은 또 다른 경쟁 이슈를 야기할 가능성도 있다.

알고리즘과 데이터가 모든 분야에서 중요해지고 있는 현상은 글로벌 차원의 추세다. 기술 및 경쟁 환경 변화에 대한 정책적, 제도적 준비가 되어 있지 않으면 기술 도입에 따른 혁신적 효과보다 부작용이 현저히 높아지는 결과가 발생할 수밖에 없다. 당국이 기존 규제의 틀을 토대로 대응할 경우 새로운 시도들이 사장될 우려가 있는 반면 무조건적으로 장려하거나 대응을 하지 않는 경우 당국이 경쟁 제한적 결과를 방치하게 되는 모습을 초래할 수도 있는 것이다. 국내 전자상거래 시장에 대한 연구[56]에서도 국내 가격 비교 사이트에서 모니터, 프린터, 마우스 등 컴퓨터 주변 기기 제품 판매자들의 가격조정 패턴 분석 결과 비슷한 시기에 가격을 조정하는 가격 담합 현상이 나타났다. 많은 경우 가격 인하보다는 가격 인상이 동일한 시점에 발생할 가능성이 높은 것으로 나타나 디지털 카르텔의 조짐이 일부 관찰되기도 했다.

56) 전지은, 이충권(2014)

6장
데이터 결합, 분석, 보안이 빅데이터 4.0 성공의 기본요소

우리나라도 데이터 산업 선진국으로 도약할 수 있을까? 글로벌 최고 수준의 디지털 인프라와 최대 데이터 생산국으로서의 이점을 살려 데이터 산업을 수출산업으로 육성하기 위해서는 다양한 데이터의 결합, 다각적인 데이터 분석, 철저한 데이터 보안이 전제돼야 한다. 이러한 기반 위에 대한민국이 보유한 디지털 인프라와 우수한 두뇌가 더해진다면 글로벌시장을 선도하는 경쟁력을 충분히 확보할 수 있을 것이다.

데이터 결합

데이터 결합은 데이터 산업의 출발점이다. 분절된 데이터로는

〈데이터 산업 발전을 위한 성공 3요소〉

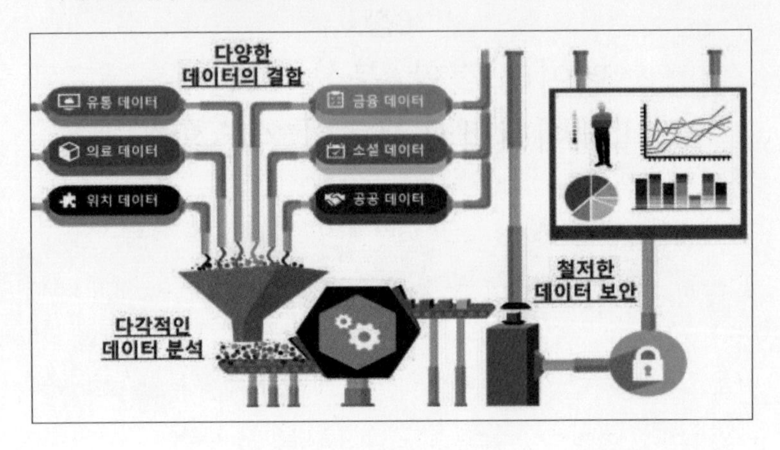

입체적인 인사이트를 도출할 수 없다. 다면적인 분석을 위해서는 곳곳에 흩어져 있는 데이터를 하나로 엮는 작업이 가장 중요하다. 하지만 우리나라는 규제로 인해 데이터 결합이 가장 어려운 나라 중 하나다. 오죽하면 "우리나라에서 유통 데이터를 얻기 위해서는 슈퍼마켓을 차려야 한다"는 우스갯소리도 있다. 현재 '특정한 목적'을 사전적으로 제시하지 않으면 데이터를 수집, 가공할 수 없기 때문에 데이터 거래 및 이동이 현실적으로 불가능한 상황이다. 이 부분이 해소된다 하여도 데이터 저장 방식 역시 실질적으로 클라우드를 통해 구현하는 것이 불가능해서 결합의 한계가 될 것이다.

상대적으로 데이터 산업 선진국인 미국은 민간 데이터 브로커가 생태계를 주도한다. 각 기업은 전 산업영역의 데이터를 종합하여 서비스 품질 향상에 활용하는 진정한 의미의 '빅데이터' 분석을 수행하고 있다. 이에 따라 미국을 중심으로 4,000개 데이터 브로커 기업이 240조 원 규모의 시장을 형성하고 있다.

미국은 경제적, 기술적 관점을 중심으로 개인정보보호에 접근하며 개인 데이터에 대한 사적 자치 원칙을 중시해 정부의 간섭을 최소화하고 있다. 그리고 무분별한 수집과 오용을 막기 위한 공정신용보고법을 기반으로 개인 데이터를 이용하는 기업의 투명성을 강조하고 있다. 미국 정부는 데이터 브로커 산업을 올바른 방향으로 유도하기 위해 데이터 브로커 현황분석 및 공개, 데이터 수집 및 유통 현황에 대한 포털 구축, 연차정보 발간 등 투명한 개인 데이터 유통환경 구축을 위한 가이드라인을 제시하고 있다. 데이터 거래 금지보다는 투명성 강화를 통한 안전한 유통 가이드라인 마련에 노력하고 있는 것이다(한국정보화진흥원(NIA), 2016)

〈데이터 브로커의 주요 비즈니스 모델〉

직간접 마케팅	데이터 제공	- 데이터 브로커가 고객의 의뢰를 받아 고객이 가지고 있는 명단에 필요한 항목을 추가로 제공 - 특정한 조건에 해당되는 소비자 명부 작성 제공
	타겟 고객 선정	- 특정 마케팅을 위해 고객 명단을 데이터 브로커에게 보내면 가능성이 있는 고객을 선별해주는 서비스
	기업 간 협업 중계	- 두 사업체가 협업 시 각자의 고객 정보를 공유하기를 원치 않을 경우, 데이터 브로커가 중간에서 고객 정보를 결합, 분석하여 각 기업이 필요로 하는 정보 제공
	마케팅 분석	- 고객 데이터 분석을 통해 행동을 예측하는 것을 목적으로 한 서비스 - 어떤 미디어 채널, 어떤 지역 등이 최적인지 분석하는 서비스
사기 및 위험 방지	신원 분석	- 은행과 같은 금융기관이 고객 신원을 인증하는 데 도움을 주기 위해 거래 건별로 위험 점수를 산출, 제공하는 등의 방법으로 신원 확인을 지원

사기 및 위험 방지	사기 탐지	- 민간 영역뿐 아니라, 정부보조금 지원을 받기 위해 공공기관에 제출한 소득 정보의 진위 여부도 판단하는 등 공공부문에도 활용
정확한 사람 찾기		- 기업이 보유하고 있는 고객에 대한 세부 정보를 제공하는 서비스로 주로 정부나 소셜 미디어 사이트와 같이 공개된 정보를 기초로 작성된 다양한 정보로 구성

자료 : 한국정보화진흥원(NIA), 2016.

최근 일본 역시 2017년 1월 개인정보법 개정 시행으로 데이터 거래 등 결합을 위한 제반여건이 조성되었다. 이번 개정은 개인정보의 이용가치가 점차 높아지면서 개인정보 및 프라이버시에 관한 사회적 상황이 현행법 제정 당시와는 다르게 크게 변화하고 있는 것을 반영한 것이다(정보통신정책연구원(KISDI), 2015).

이러한 기조 하에 디지털 센서 강국의 입지를 강화하기 위해 100여 개 주요 기업이 연합해 사물인터넷(IoT) 데이터 거래소 설립도 진행하고 있다. 일본 업체들은 로봇이나 공작기계 등 강점을 가진 분야와 사물인터넷(IoT) 데이터의 접목을 활성화해 시장 주도권을 차지하겠다는 전략이다. 수백 종류의 디바이스가 연계될 사물인터넷 시대에 다양한 기기에서 발생한 데이터를 결합해 인사이트를 도출하는 것의 중요성을 인지하고 벌써 실행 단계에 진입하고 있다.

니혼게이자이신문에 따르면 일본 100개 기업은 사물인터넷(IoT)을 활용해 축적한 데이터를 매매할 수 있는 유통시장을 2020년까지 만들기로 했다. 전자기기 제조업체 오므론과 일본데이터거래소 등이 올 가을쯤 시장 창설을 위한 준비 조직을 발족할 계획이다. 히타치제작소와 일본전신전화(NTT), 도쿄전력파워그리드, 신일철주금(옛 신일본제철) 솔루션즈 등도 참여를 검토하고 있다.

〈사물인터넷(IoT) 정보 활용 가능한 새로운 서비스〉

수집한 정보	활용 가능 사례
택시 위치, 운전 상황	도로정보서비스 업체가 도로 혼잡도 예측
산업용 로봇 가동	부품, 소재 관련 업체가 로봇 결함을 찾아 수리
자동차 와이퍼 작동	기상정보업체가 국지적인 강우량을 상시 추계해 지역에 제공
자동차 급브레이크 및 속도	보험사가 운전자의 주행습관에 따라 보험료 설정
웨어러블 기기	헬스케어 업체가 개인별 행동 특성에 맞춰 의료서비스 개발

자료 : 니혼게이자이신문, 2017.5.23.

일본은 사물인터넷(IoT) 기술 핵심인 센서 분야에서 글로벌 시장의 40% 가량을 차지하고 있는 강국이다. 일본 기업들은 사물인터넷 데이터 거래 활성화를 통해 자신들이 강점이 있는 하드웨어 분야와의 접목을 강화해 미국 업체가 주도하고 있는 현 전세를 뒤집는다는 전략이다. 아직 미국이나 유럽에서 사물인터넷 데이터 거래시장을 대규모로 조성하려는 움직임은 나타나지 않고 있다.

이를 위해 일본 내 관련 법적, 제도적 보완과 사물인터넷 데이터 거래 시 보안 문제는 해결해야 할 과제다. 일본에서는 디지털 화폐 사용 이력과 같은 개인정보를 외부에 판매할 경우 본인 동의가 필요하다. 또한 사물인터넷에서 수집한 데이터를 어떻게 취급해야 하는지 명확한 규정도 없다. 따라서 데이터의 오남용이나 개인정보 유출 가능성 등을 우려하는 목소리도 있다.

우리나라에서는 정부 및 공공기관에서 보유하고 있는 데이터를 결합하고 분석해 새로운 가치를 창출하고자 노력하고 있다. 다양한 조사데이터와 정부 및 공공기관의 행정데이터를 결합하여 활용하고 있는데 기초연금 선정 기준이나 건강보험 심사 등에서 서로 다른 데이터의 연계가 활발하게 이루어지고 있다(한국보건사회연구원, 2014). 미국과 일본의 경우처럼 데이터 활용이 더욱 활발히 이루어지기 위해서는 데이터 이용에 대한 투명성은 증진시키면서 서로 다른 곳에 흩어져 있는 데이터를 하나로 통합하고 연계할 수 있는 환경 조성이 필요하다.

데이터 분석

데이터 결합 이후 빅데이터가 실질적인 부가가치를 창출하기 위해서는 심층적, 다각적 분석과 활용이 필수적이다. 다만 우리나라는 이 과정에서도 선진국 대비 과도한 규제가 적용돼 분석과 활용이 제한적일 수 있다. 우리나라는 모든 개인정보를 일괄 민감 정보로 규정하고 모든 데이터 분석 및 활용에서 사전 동의 방식을 의무화하고 있다. 이 과정에서 적시성이 중요한 빅데이터 분석과 활용이 한계에 직면하게 되는 것이다.

미국의 경우 개인정보를 민감 정보와 비민감 정보로 구분해 신용정보나 사회보장정보와 같은 민감 정보를 제외한 비민감 정보는 분석과 활용을 허용하고 있다. 미국에서 정의하는 민감 정보는 종교, 인종, 정치, 성 관심, 건강, 노동조합 구성원(Trade Union Member)

에 관한 정보로 여기에 해당하는 데이터를 수집 또는 활용을 하고자 할 경우 데이터 제공자의 동의가 필수적으로 필요하다. 반면 비민감 정보에 대한 특정 정의는 내리고 있지 않다.

일본은 빅데이터 시대를 맞아 기술 강국의 입지를 되찾기 위해 최근 법률을 개정했다. 그에 따라 비식별화된 정보의 정보주체 동의 없는 재이용, 정보 취득시점의 이용목적 변경절차 간소화 등이 허용됐다. 일본은 개인정보보호법 개정[57]을 통해 데이터 활용을 촉진시키고자 규제를 완화함과 동시에 유럽연합(EU)과의 국제적 조화를 위해 민감 정보의 도입으로 보호수준을 올리는 규제 강화 조치도 했다. 또한 개정 개인정보보호법상 개인정보의 범위에 개인 식별부호를 포함시켜 개인정보 개념을 명확하게 규정하고 공정거래위원회와 같은 독립된 개인정보보호위원회를 설치하도록 했다.

주목할 만한 것은 빅데이터 활성화 등 개인정보의 이용 및 유통을 촉진시키기 위해 개인정보를 가공해 식별 가능성을 낮춘 제 3 유형의 정보에 대한 개념을 신설(익명가공정보의 신설)하고 이러한 정보에 대해서는 제 3자 제공시 본인 동의를 요구하지 않도록 규정(개인정보 이용목적 제한 완화)했다는 점이다.

또한 개인정보보호에 대한 국제적 동향, 정보통신기술의 진전, 이에 따른 개인정보를 활용한 새로운 산업의 창출 및 발전 상황을 반영하기 위해 정령 및 위원회 규칙 위임사항이 상당히 많으며 부칙에 법 시행 이후 3년마다 재검토를 요구했다.

57) 일본은 개인정보보호법으로 민간분야만을 규율하고, 공공분야에 대해서는 '행정기관이 보유하는 개인정보보호법', '독립행정법인 등이 보유하는 개인정보보호법'이 규율하고 있음.

〈일본의 개인데이터 이용 및 활용에 관한 제도 재검토의 주요 내용〉

새로운 유형의 개인정보의 도입	개인정보 및 프라이버시 보호를 배려한 개인정보의 이용 및 유통을 촉진하기 위해 개인정보를 가공해서 개인이 특정될 가능성을 낮춘 정보에 관해서, 개인정보 및 프라이버시 보호에 대한 영향 및 본인 동의 원칙에 유의하면서 제3자 제공에서 본인의 동의를 요하지 않는 유형을 도입하고, 당해 유형에 속하는 정보를 취급하는 사업자(제공자 및 수령자)가 부담해야 하는 의무 등 마련
제 3자 기관 (privacy commissioner)의 체제정비	개인정보의 보호와 이용 및 활용을 균형있게 추진한다는 관점에서 독립적인 기관인 제3자 기관에 의한 통일적인 견해의 제시, 사전상담, 고충처리, 입회검사, 행정처분의 실시 등의 대응을 신속하고 적절하게 할 수 있는 체제정비
국제적인 조화를 도모하기 위해 필요한 사항	(1) 외국 제도와의 조화 일본 기업이 원활하고 세계적으로 사업이 진전될 수 있는 환경을 정비하면서 해외사업자에 대해 국내법의 적용과 제3자 기관에 의한 국제적인 집행협력 등의 실현에 대해서 검토 (2) 외국으로의 정보 이전의 제한 글로벌한 정보의 이용 및 유통을 저해하지 않는 것과 프라이버시 보호와의 균형을 고려하여 개인정보의 보호수준이 충분하지 않은 다른 국가로의 정보이전 제한 검토 등
프라이버시 보호 등을 배려한 정보의 이용 및 유통을 위한 사항	(1) 개인정보 보호 목적의 명확화 개인정보의 보호는 이용 및 활용의 공익성이라는 관점도 고려하면서 프라이버시 보호와 동시에 이용 및 활용을 촉진하기 위해 이루어진다는 기본이념을 명확하게 규정 (2) 보호되는 개인정보 범위의 명확화 보호되는 개인정보의 범위에 대해서는 실질적으로 개인이 식별될 가능성을 갖는 것으로 하고, 프라이버시 보호라는 기본이념을 고려해서 판단. 또한 프라이버시 침해 위험성이 높은 민감 정보(sensitive data)에 대해서는 새로운 유형을 마련해서 특성에 맞춘 취급을 검토 (3) 프라이버시를 배려한 개인정보의 적정이용 및 유통을 위한 절차 등 투명성 확보를 전제로 이용 목적의 확대에 따라 사업자가 따라야 하는 절차와 제3자 제공에서의 본인 동의원칙의 예외규정(옵트 아웃, 공동이용 등)에 대한 검토 및, 개인정보 취급시의 규정의 충실화(동의취득 절차의 표준화 등)에 검토

자료 : 한국경제연구원(KERI), 2015.

현재 우리나라에서 빅데이터 활용과 관련하여 유의해야 할 점은 개인정보 유출과 프라이버시 침해 등에 대한 우려로 인해 정보 주체가 개인정보 제공 자체에 상당한 거부감을 가지는 경향이 증가하고 있으며 이는 결과적으로 빅데이터를 의미 없게 만드는 요인이 될 수 있다는 것이다(곽관훈, 2014). 이를 해결하기 위한 방안으로 빅데이터 활용과 개인정보 보호의 조화를 이끌어 내려는 시도가 담긴 '개인정보 비식별 조치 가이드라인'이 마련되어 시행되고 있지만 자유로운 데이터 활용보다는 데이터 이용에 대한 기업의 책임 소지를 강화하였을 뿐 여전히 모호한 부분들이 많이 존재한다. 따라서 입법적인 정비를 통해 엄격하게 보호해야 할 개인정보와 그렇지 않은 개인정보를 분리하는 규정이 마련돼야 하며 신상정보 외의 공개정보나 2차적 정보에 관해서도 수신 거부(opt-out)[58] 형태를 적용하여 규제를 완화하면서도 보호대상에서 완전히 제외되지 않도록 하는 노력이 필요하다(곽관훈, 2014). 미국과 일본처럼 개인정보를 구분하고 비식별화하여 데이터를 활용할 수 있게 되면 분석 가능한 데이터가 현재 20%에서 4배는 증가할 수 있을 전망이다.

데이터 보안

마지막으로 데이터 산업 발전의 핵심 요인은 '안전성 확보' 즉

58) 수신 거부(opt-out, 옵트아웃)는 당사자가 자신의 데이터 수집을 허용하지 않는다고 명시할 때 정보수집이 금지되는 제도를 말함.

'보안'이다. 우리나라는 데이터 결합, 분석 등 전 과정에서 선진국 대비 과도한 규제가 있음에도 불구하고 오히려 개인정보 유출은 심각한 실정이다. "내 주민등록번호는 공공재"라는 국민들의 말도 실없는 농담은 아닌 것이다. 실제로 국민 10명 중 7명은 이미 개인정보 유출 피해를 경험했다. 아시아나 항공 4만 7천 건, 인터파크 1,030만 건, SK 컴즈 3,500만 건, 메이플스토리 1,300만 건, KT 870만 건 등 하루가 멀다 하고 개인정보 유출 사고가 발생하고 있다(허핑턴포스트, 2016). 데이터 유출로 인한 위험을 줄이기 위해 원천적으로 관련된 모든 영역들을 제한했던 방식들이 전혀 효과적이지 않았던 것으로 판단할 수 있다.

미국에서는 사전적으로 자유로운 결합과 분석을 독려하지만 기업의 운명이 달라질 정도로 엄격한 사후 징벌적 손해배상제도를 시행하고 있다. 2013년 유통업체인 타겟(Target)에서 발생한 6,000만 명의 고객정보 유출에 대해 3,000억 원 이상의 비용책임이 기업에 부과됐다. 개인정보가 유출된 사람은 평균 4,000만 원 정도의 배상을 받고 있다. 반면 우리나라는 개인정보보호법에 따라 개인정보 관리를 소홀히 한 기업에 대한 처벌이 벌금 최대 1,000만 원으로 정해져 있다.

일본에서는 공정거래위원회 수준의 독립조직인 개인정보위원회를 설립해 데이터 보안 측면에서 일관되고 엄격한 관리를 전담하고 있다. 개인정보를 효과적으로 보호하는 데에도 주안점을 두고 이를 위해 개인정보보호법의 소관을 소비자청에서 개인정보보호위원회로 이전했다. 동시에 개정 개인정보보호법이 전면 시행될 경우 현재 각 주무대신이 보유하고 있는 개인정보보호법에 대한 권고 및 명령 등의 권한을 개인정보보호위원회로 일원화함을 명시하고 있다(연세대 법학연구원, 2016).

이처럼 오히려 소중한 데이터를 보호하기 위해서는 데이터를 가지고 아무것도 못하게 하는 것이 아니라 징벌적 손해배상제도가 적극 활용돼야 한다. 개인정보가 유출된 회사는 그 존폐를 걱정해야 할 정도로 처벌 수위를 강력하게 해야 할 필요를 고민해야 한다. 데이터의 결합이나 활용에 있어 기업의 자율성을 보장하는 대신 사고가 발생했을 경우에는 철저한 책임이 수반돼야 할 것이다.

정책의 실효성을 높이기 위해서 대기업뿐 아니라 중소기업도 개인정보 유출이 발생할 시에 피해자들에게 적절한 배상을 할 수 있도록 책임보험제도를 고려해볼 수 있다. 보험개발원에 따르면 세계 주요국의 개인정보 유출 사고 당 평균 비용은 2009년 기준 약 343만 달러로 중소기업에게는 경영에 타격을 줄 수 있을 정도의 고액이다. 따라서 책임보험 가입을 통한 위험 분산이 필요하다. 피해자의 입장에서도 기업의 배상자력이 불충분한 경우 피해 보상을 받기가 어려운데 반해 책임보험에 가입돼 있는 기업의 경우 보험회사 등을 통해 피해보상을 받을 수 있으므로 실질적인 손해보상을 받을 가능성이 더 높아진다.

이렇듯 유출에 대한 엄격한 책임이 제도화돼야만 데이터의 주인이 되는 소비자들이 능동적으로 데이터 산업의 발전에 참여할 수 있을 것이다.

7장
빅데이터 4.0시대로

우리는 지금까지의 논의를 통해 새롭게 전개되는 초연결 환경에서 경제적 가치를 창출하는데 필요한 일련의 요소들을 주마간산의 횡보로 짚어봤다. 연결이 초래하는 광범위한 변화는 시장에서 시장 참여자들에게서 그리고 그들의 결정방식과 지배구조에 여지없이 나타나고 있다. 가히 근본적인 차원의 변화(foundational change)임에 틀림없다. 과거에 명확하게 구분되었던 시장, 시장 참여자, 지배구조, 산업 간의 경계가 모두 희미해지고 있는 초연결 환경은 앞으로 다가올 세상의 변화에 대해 강력한 메시지를 전달하고 있다. 이제는 자아(self)에 대한 정의마저 달리해야 할 정도로 모든 것이 모든 것과 연결된 세상이다. 따라서 경제적 가치창출도 과거와 같이 자체적 고용과 노력만으로 이뤄내기가 점점 어려워지게 됐다. 위험도 커지고 미래는 더욱 불확실해진 것이다. 그렇다면 이러한 초연결 환경에서의 경제적 가치는 어떻게 창출해야 하는가? 결국은 연결에서 남겨지는 디지털 흔적을 통해 모든 것을 분석해야 한다. 이것이 바로 빅데이터의 절대적인 중요성이자 절체절명의 핵심적 위치를 결정하는 것이다. 소위 4차 산업혁명의 연료가 데이터라는 점은 바로 이러한 인식에 기초하고 있다.

산업현장에서도 이러한 변화는 고용방식이나 근로패턴에서 여실히 드러나고 있다. 과거와 같이 한 직장에 취직해 평생을 다니던 모습은 이제 더 이상 찾아보기 어렵게 됐다. 왜냐하면 과거의 가치창출 방식으로는 연결된 시장에 어필하기 어렵게 되기 때문에 점차 줄어드는 파이의 운명에서 벗어나기 어렵기 때문이다. 더욱이 개별적으로 만들어지는 가치 자체의 의미도 상당히 퇴색됐고 생산규모나 분배채널 모두 새롭게 등장하는 플랫폼 기반 옴니채널의 폭발적 파괴력(scalability)을 감당하기 어렵게 됐다. 따라서 점차 세상의 흐름에서 멀어져 가는 과거 가치창출 기반은 이제 개방과 협업이라는 새로운 원칙에 익숙해져야 한다. 모든 것이 고객과 사용자 중심의 경험(UX : User Experience)을 향상시키려는 목적을 위해 연결되고 결합되며 분석되고 적용된다. 고객들의 경험이야말로 평판의 핵심이자 신뢰의 기반이다. 이를 위해 유저인터페이스(UI : User Interface)의 중요성이 더욱 부각되는 환경인 것이다. 만약 현 시장 참여자들이 이러한 원칙에 충실하지 못할 경우 결국 모두가 과거 공룡들의 소멸과정에서 벗어나기 힘들다. 공룡은 거대한 몸집으로 세상을 지배하다 협업을 통해 민첩한 사냥을 했던 벨로시렙터(velociraptor)에게 자리를 내줬다. 이는 마치 글로벌 금융위기 이후 거대한 몸집에 걸맞은 엄청난 규제 부담으로 꼼짝하지 못하고 있는 글로벌 거대 은행의 모습들이 자본규모도 적고 고객 네트워크가 방대한 디지털은행에게 밀리는 현재의 모습과 다르지 않다.

실제로 개방과 협업은 연결된 시대의 생존코드이다. 연결된 세상에서 데이터 기반으로 무엇인가를 만들려면 일단 내가 가지고 있는 데이터만으로는 아무것도 할 수 없기 때문이다. 그렇다고 상대방의 데이터를 가져오는 것만으로도 상황은 개선되지 않는다. 세상의 모든 데이터를 다양한 방식으로 연결해 이전에 경험하지 못했던 가치로 변화시키려면 자신부터 개방의 자세로 시장에 적극적으로 참여해야 한다. 자신은 폐쇄적인 자세로 임하면서 상대방의 데이터를 활용하려는 자세는 더 이상 구현하기도 인정받기 어렵다. 협업은 이제 불확실한 미래 환경에서 수시로 변하는 고객들의 취향에 맞는 서비스 개발을 위해서도 필수적인 자세라 하겠다. 기업이 자신만의 자본을 토대로 자신만의 역량에 기초한 제품이나 서비스를 출시한다고 하면 주주들마저도 불안해할 것이다. 연결된 세상의 시장 흐름은 수시로 변하고 복잡하게 얽혀 있어 개별차원의 접근으로는 겉돌기 쉽다. 머니볼링(moneyballing)[59]에서 넛지 전략(soft-nudge)[60]에 이르는 진화의 과정 속에서 우리는 심리의 행태적 요소까지 고려한 제품이나 서비스 제공을 위해 빅데이터와 인공지능을 장착시켜 최소한의 모습을 갖추기 시작해야 할 것이다.

더욱이 현재는 디지털화가 준비된 계층과 그렇지 못한 계층과의

59) 데이터 활용 및 분석을 통해 꼴찌 구단의 반란이 시작된 이야기를 다루는 영화 '머니볼(moneyball)'에서 따온 말.

60) 행동경제학적 용어로 당사자의 자발적인 행동을 이끄는 것이 큰 효과가 있다는 의미.

연결도 매우 중요해지는 공동체 차원의 가치창출이 중시되고 있기 때문에 이러한 포괄적인 제반 준비의 핵심이 바로 빅데이터 4.0으로 볼 수 있다. 즉 빅데이터 4.0은 단순한 경제적 가치창출에 특화한 데이터 활용범주를 넘어서 지속 가능성과 포용성을 동시에 고려하기 위해 우리 주변의 사회적 문제 해결에도 유용해야 한다는 명제를 가지고 있다. 인류 진화의 과정 속에서 반드시 갖추어야 하며, 기존 경제주체들이 반드시 숙지하고 따라야 하는 일종의 디지털 권리장전이자 의무 또는 디지털 운영 원칙으로 생각할 수 있다. 이러한 고려는 디지털단일시장(Digital Single Market)을 통해 모든 사람들에게 디지털 접근권과 프라이버시 보호를 제고하고자 하는 범국가적 노력으로도 반드시 구현돼야 한다. 이는 개방과 협업이라는 고유의 가치 안에서 인류사회가 지속 가능한 경제적 가치창출을 이루기 위한 최선의 지적 산물 즉 빅데이터 4.0이라는 노력을 통해서 발굴돼야 한다. 다른 표현으로는 빅데이터 4.0을 기반으로 일종의 사회적 스마트 계약의 도출을 통해 모두에게 이로운 가치창출에 나서야 하는 것이다. 그래서 새롭게 전개되는 세상을 바라본 우리의 결론은 데이터의 수집과 활용, 재판매에 관한 사회적 규범을 조속히 이끌어내든지 아니면 다른 국가들과의 협의를 통해 이러한 그라운드 규칙을 제정하는 것이 급선무다. 나머지는 자유로운 개인들의 창의성이 훼손되지 않도록 공정한 경쟁의 틀을 지켜나가는 것이다. 더 이상 국가주도의 성장드라이브와 같은 전근대적 노력은 되풀이 되지 않아야 한다. 성장견인은 이제 국가주도가 아닌 모든 개인들의 자발적 참여와 연관으로 가능해졌기 때문이다. 다만 이를 위해 공정경쟁이나 소비자 보호,

금융 안정의 틀이 흔들리지 않도록 국가나 국가연합에 상응하는 주체들의 역할이 강화돼야 함은 당연하다.

실제로 빅데이터의 경제적 잠재력만으로도 엄청난 성과를 얻어낼 수 있다. 한국혁신학회지에 따르면 빅데이터가 성공적으로 활용될 경우 사회적 효용은 막대하다. 데이터 산업에 1원의 예산이 투입되면 1.5140원의 생산유발효과와 0.7353원의 부가가치 유발효과가 발생하며 데이터 산업에서의 10억 원 투자 증가는 9.9850명의 취업유발효과가 있는 것으로 나타났다.

〈빅데이터의 성공적 활용에 따른 사회적 비용〉

구분		데이터 산업
생산유발효과		1원당 1.5140원
부가가치 유발효과		1원당 0.7353원
취업유발효과		10억 원당 9.9850명
물가파급효과		10% 가격 상승 시 0.0993%
산업간 연쇄효과	감응도 계수	0.7596
	영향력 계수	0.8885

자료 : 한국혁신학회지

또한 서울연구원의 2015년 연구에 따르면 서울시가 빅데이터를 활용할 경우 연간 최소 7,358억 원에서 최대 1조 4,474억 원을 절감할 수 있다고 했다. 보건사회연구원에서도 보건 의료 빅데이터를 본격적으로 사용해 만성질환 예방과 개인 맞춤형 치료를 할 경우 사회적 효용 확보도 가능하다고 했다. 이처럼 4차 산업혁명은 우리 경제의 리부팅에 필수적인 다방면의 포괄적인 변화를 가져올 것이다.

따라서 4차 산업혁명 시대, 빅데이터 4.0시대로 나아가기 위해 우리는 과거의 적폐요소를 청산하고 모두가 참여하는 경제로 변화해야 한다. 모든 경제주체가 알게 모르게 기여하는 데이터로 커나가는 빅데이터 산업은 특징 주체가 성장을 주도할 수 없다. 공공재적인 특성을 분명 가지고 있는 우리 모두의 재산이자 미래 성장의 기반이다. 따라서 새로운 빅데이터 4.0시대를 열어 가기 위해서는 정부와 국회 그리고 민간 기업이 각자의 위치에서 역할을 다하는 것이 중요하다. 핵심은 정부와 민간의 협업, 재연결 작업과 과감한 개방전략이 필요하다는 것이다. 정부는 빅데이터의 연결성을 활용할 수 있는 플랫폼을 마련해 경제개발 계획을 세우고 민간은 데이터 매시업[61]을 바탕으로 본인이 잘 할 수 있는 비즈니스를 찾아 개개인의 능력을 발휘해 경제를 활성화하고 미래를 준비해야 할 것이다. 또한 국회는 관련 법령의 개정을 준비해야 할 것이며 개개인은 데이터의 주인으로서 정부나 기업이 소비자들을 위한 역할에 최선을 다하도록 만들어야 할 것이다.

지금까지의 관찰과 논의를 바탕으로 본 장에서는 빅데이터 4.0시대로 가기 위한 4대 강령을 제안하고자 한다. 역내차원의 디지털 경제발전을 위한 이니셔티브의 발제, 개인정보보호 및 빅데이터 활용에 관한 특별법 제정, 데이터 관련 정부산하기구의 통폐합 및 민관 합의기구 설립, 국가인권위원회에 디지털 시민 권리장전에 준하는 보호역할을 제안한다.

61) 웹으로 제공하고 있는 정보와 서비스를 융합하여 새로운 소프트웨어나 서비스, 데이터베이스 등을 만드는 것.

첫째, 우리나라가 디지털 강국으로 도약하기 위한 역내차원의 디지털 이니셔티브를 통해 전환과정의 가치창출을 주도해야 한다. 이러한 변화를 포괄적으로 수용하기 위한 통합된 법과 규제차원의 준비를 역내차원에서 선도해 나가야 한다. 유럽 지역의 디지털단일시장에서 보듯이 블록체인 등 분산형 기술을 수용할 수 있는 선진 규제감독의 틀을 국제적 흐름에 맞게 개편하고 이를 주도해야 한다. 법과 규제 적용영역이 커질수록 경제적 효과도 커지기 때문이다.

일례로 앞에서도 살펴본 유럽의 통합된 개인정보보호 법규인 일반정보보호규정(GDPR)의 목적 중 하나는 "기업에 대한 규제 환경을 단순화하기 위함"이다. 즉 디지털단일시장(Digital Single Market)을 위한 노력의 일환인 것이다.

이처럼 우리는 유럽의 디지털단일시장(Digital Single Market)에 견줄만한 창의적 아이디어와 제도를 통해 아시아 디지털 플랫폼 구축을 위한 논의에 나서야 한다. 앞으로 아시아 태평양 지역의 전자상거래 규모가 북미를 추월할 것으로 예상되며 특히 중국의 높은 성장세를 바탕으로 한국, 중국, 일본이 글로벌 시장을 주도할 수 있을 것이다. 기업과 소비자 간(Business to Customer; B2C) 전자상거래 시장의 경우 중국 시장 규모는 2014년 4,262억 달러로 세계 1위이며, 일본은 708억 달러, 우리나라는 331억 달러로 각각 4위와 7위를 기록했다(이마케터(eMarketer), 2015).

둘째, 복잡하게 얽혀있는 법규체계를 해소하기 위해 개인정보보호 및 빅데이터 활용에 관한 특별법 제정을 제안한다. 공공부문 데이터는 우선적으로 개방하도록 하며 어떤 경우에도 보호되어야 하는 민감 정보를 제외한 데이터들은 비식별화와 차별화된 보안 서비스 시장을 통해 각자 책임으로 해결하는 원칙이 필요하다. 더 이상 구더기가 두려워 장을 못담그는 소극적 자세로는 시장의 변화를 일궈내기 힘들다. 개인의 디지털 권리와 프라이버시를 약화시키자는 것이 아니라 이를 이루어낼만한 기술이나 주체에 대한 사회적 신뢰가 제한된 현실에서 GDPR과 같은 대원칙을 준수하면서 데이터 프라이버시 관련 사회적 합의를 전향적인 차원에서 이뤄내야 한다. 분열된 데이터 지배구조와 파악하기 어려운 책임 소재로 얽혀버린 데이터 생태계를 건전하게 키워나가야 한다.

우선 공공데이터 공개를 의무화하고 민간데이터 관련 공개 및 활용 관련 합의를 조기 도출해 수신 거부(opt-out) 제도 도입 및 비식별화를 통한 데이터 활용의 확대와 거래 그리고 재사용의 허용을 주장한다. 구체적인 민감 정보보호의 수준을 정하고 수신 거부(opt-out)와 비식별화 조치 대상에 대한 사회적 합의를 조기 도출해 데이터 거래시장을 발전시켜야 한다. 민감 정보만 보호된다면 나머지 부분에 대한 차별적인 보호수요를 바탕으로 시장도 발전할 수 있고 각자의 보안노력은 시장신뢰 확보차원에서 비용이 아닌 투자 성격을 띠게 된다. 보안업체들의 역량을 키우면서 빅데이터 산업의 발전을 이끌 수 있도록 노력하는 지혜가 필요하다. 이를 통해 데이터 시장 육성의 선순환을 기대해 볼 수 있다. 믿는 만큼 내놓는 것이 현실이다.

〈정부주도 육성이 초래한 답보상태의 벤처생태계〉

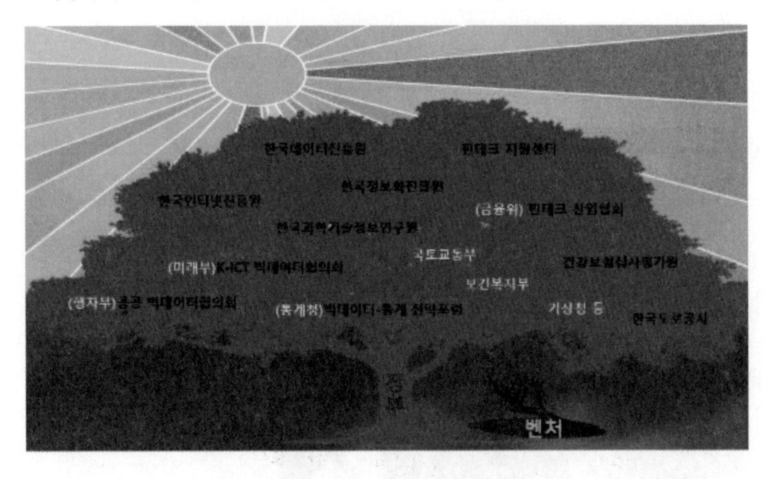

셋째, 대통령 직속으로 개방형 빅데이터 기구를 설립해 데이터 관련 정부산하기구의 통폐합을 추진하고 민관연구소 클러스터와의 효율적 협업을 이끌어 내야 한다. 지적생태계 구성원 간의 원활한 소통이야말로 신뢰구축의 핵심인 사회적 합의 도출에 필수적인 요소다. 더 이상 정부산하의 조직으로는 산업 간 장벽을 넘어선 융합을 기대하기 어렵다. 현 국책연구네트워크를 민간으로 이관하면서 민영화해 다양한 각도에서 미래 준비에 도움이 되는 연구가 활성화되도록 해야 한다. 큰 그림을 준비할 수 있는 영국의 오픈데이터협회(ODI)와 같은 독립된 민간차원의 빅데이터 연구소를 설립해 운영할 필요가 있다. 적어도 미래의 모습을 그려낼 수 있는 독립된 지배구조하의 민간주도 연구역량을 키워내어 역내와 세계적인 지적리더쉽을 발휘해야 한다. 사회공감대형성을 위해서라도 이러한 리더쉽의 의견개진과 로드맵 그리고 포괄적인

분석은 서두르는 출발 대신 엄연히 선행돼야 한다.

〈오픈데이터협회(Open Data Institute; ODI)〉

넷째, 인공지능의 활용이 보편화되는 추세를 감안해 현 국가인권위원회의 활동에 디지털 재산 및 프라이버시의 보호와 잊혀질 권리의 존중, 인공지능 알고리즘의 윤리적 요소에 관한 심의기능을 포함시킬 것을 제안한다. 빅데이터의 알고리즘을 수시로 검증하여 무의식적으로 차별받기 쉬운 소수의 권리를 보호해야 한다. 빠른 고령화와 탈사회화로 양산되고 있는 '디지털 취약계층'은 디지털화로 인해 과도한 침해에 노출되면서도 보호받기 어려운 것이 현실인 만큼 이에 관한 대안과 보호장치 마련이 필요할 것이다. 그리고 이미 공룡화되고 있는 디지털 권력에 대한 공정거래차원의 법적 견제수단을 강화할 필요성이 제기된다. 고령화로 불가

피해질 디지털 정보격차에 대응하면서 디지털 권력에 대한 공정거래 차원의 법적 견제수단이 필요한 것이다.

이상의 제안들이 충족되면서 데이터 흐름이 원활해지면 우리는 전 세계 디지털 시장을 주도할 저력을 갖추게 될 것이다. 즉 우리는 빅데이터 4.0을 기반으로 선진경제 진입이 가능한 경제 추진력과 다변화된 성장기반을 확보할 수 있다. 바야흐로 모두를 이롭게 하는 균형 잡힌 데이터 복지국가의 모습을 갖추게 되는 것이다.

데이터 활용을 기반으로 한 시장기반 플랫폼 구축 그리고 민간이 주체가 된 개방형, 분산형 네트워크의 형성, 규제와 감독은 생태계 조성 차원의 원칙중심 관리로만 이뤄진다면 우리는 이것을 런치패드(Launch Pad)로 하여 4차 산업혁명 시대에 새로운 경제 도약을 꾀할 수 있을 것이다. 즉 빅데이터 분석을 통한 네트워크의 형성으로 저성장 탈피, 고령화 부담 극복, 포용적 성장, 세계로의 진출을 이뤄낼 기반을 확보할 수 있다.

〈새로운 경제 도약을 위한 런치패드(Launch Pad) 구축〉

도약을 위한 런치패드로서의 플랫폼은 최대한 개방적인 환경을 유지하되 생태계 내의 고객들을 유지할 수 있도록 데이터의 공유와 활용, 평판시스템, 지급결제 시스템, 고객관리시스템 등의 오픈 응용프로그램 인터페이스(API), 클라우드 서비스 등을 지속적으로 업그레이드해야 한다. 또한 시장 차원의 변화를 수시로 수용할 수 있는 유연한 자세와 끊임없는 연결과 대화 노력이 중요하다. 즉 상호작용의 강도를 유지하려면 지속적인 개발과 구제 활동, 관여가 절대적으로 필요하다. 그리고 어느 경우에도 모든 가치창출의 핵심은 시장 신뢰임을 명심해야 한다.

우리는 사이즈업(SizeUp)과 같은 빅데이터 분석과 활용, 블렌더(Blender)와 같은 밀착 금융서비스를 통해 모두가 참여하는 지속가능한 자발적 생태계를 조성해 새로운 시장 진입자들의 진입장벽을 완화하고 누구나 참여할 수 있는 선순환 구조의 생태계 조성을 통해 '한국경제 리부팅'을 이룰 수 있을 것이다.

법체계와 데이터라는 핵심요소가 구축되면 4차 산업혁명의 불씨는 우리나라에서 활활 타오를 것이라고 확신한다. 막혔던 장벽이 허물어지고 자본의 크기와 상관없이 창의성 있는 개인과 기업들 간의 자유로운 연결이 허용되면서 글로벌 시장을 제패할 저력이 구체화될 것이다.

〈대한민국 경제 '리부팅'〉

진정으로 빅데이터 4.0은 세계적인 4차 산업혁명을 이끄는 빛이자, 대한민국 경제 및 사회 문제 해결의 열쇠다.

8장
결어

이 책은 지금껏 겉으로 드러난 현실 세계에서의 변화의 이면에 자리한 거대한 연결의 흐름을 파헤치기 위해 이뤄졌다. 더 나아가서 변화를 보다 적극적으로 이해하고 대비함으로써 사회구성원 전체가 나아질 수 있는 방향으로 발전을 유도하는 것이 목표다. 소수의 업계 전문가들이 주도하는 리더쉽은 자칫 혜택보다 파악하기조차 어려운 부작용을 키울 수 있기 때문이다. 누구도 연결된 세상의 모든 것을 혼자서 이해하기도 어렵고 그러한 판단에 기초한 리더십도 위험요소를 내포하기 마련이다. 이러한 맥락에서 우리 메시지의 핵심은 데이터를 활용해 주변과의 다양한 연결과 연관을 이해하고 이를 응용해 새로운 가치를 플랫폼 기반 위에서 만들어가는 것이다. 당장의 성과가 모든 것을 결정하는 잘못된 회계기준과 법무적 판단으로 우리의 귀중한 미래가치 창출 능력이 단절되는 우를 더 이상 범해서는 안된다. 오히려 구조조정의 대상을 새로운 연결을 통해 가치창출의 기반으로 엮어내려는 발상의 전환이 요구되는 환경이다. 연결이 가치창출의 기반이기 때문이다.

결론적으로 연결된 세상에서 우리가 잊지 말아야 할 구절은 의외로 평범하다. 개방하고, 소통하고, 포용하라! 연결된 세상의 의미를 파악하려면 연결이 가져다 주는 시사점을 다양한 만남과 데이터 분석을 통해서 이끌어 내어야 하고 이러한 연관의 기초작업이 바로 빅데이터와 인공지능이다. 그러나 이를 구현해내려면 스스로의 필요가 자생적으로 발굴될 수 있는 토대 또한 필수적이다. 사일로식으로 연결된 세상을 바라보며 얻어낼 것은 많지 않다. 열린 사고와 관점의 힘은 예상보다 크다. 개방된 세상에서 비추어지는 다양한 사각지대를 밝히기 위해 필요한 것들은 의외로 많으며 이를 충족시키기 위해 자신만이 아닌 주변과의 협업은 필수이다. 물론 협업의 전제는 개방과 소통이다. 가장 아끼는 것을 개방하여 세상의 필요를 충족시키기 위한 수많은 개발자들의 손에 맡길 경우 우리는 엄청나게 많은 것들을 얻어낼 수 있다. 구글이나 아마존의 생태계 개발전략은 바로 이러한 개방과 소통을 통한 협업정신의 구현이다. 가치창출의 주체가 종업원이 아닌 생태계 전반의 참여자임을 우리는 잊지 말아야 한다. 그래서 우리들의 노력이 구체화될 수 있는 토대는 자신만의 성을 구축하는 것이 아니라 열려있는 플랫폼이어야 한다.

이와 같이 연결된 세상에서의 생존전략은 따라서 극히 평범한 진리다. 그러나 세상은 끊임없이 경쟁력 단위로 뭉쳐지기 되며 공정경쟁을 제한하게 되는 지배구조상의 정착이 불가피하게 일어난다. 잘못된 연결을 주도하는 일부 세력들에 대한 사회적 차원의 견제는 상시적으로 가동돼야 한다. 인류사회는 주어진 환경에서 멋진 역할을 수행하던 플랫폼들이 시간을 두고 공룡화되는 과정을 수없이 목도해왔다. 이를 견제하기 위해 공정 경쟁환경의 유지가 중요하며 정부와 규제당국의 역할이 강조되어야 한다. 분산시스템의 도입이 불가피한 상황임에도 불구하고 지배구조 고유의 역할은 생태계 차원에서 경쟁요소를 유지하고 카르텔 형성유인을 관리하는 것이다. 사회적 약자나 소수자가 한계상황으로 내몰리지 않도록 공적인 역할은 언제든지 강조되어져야 한다. 수직적 체계기반의 모니터링이 아니라 공동체 차원에서 자발적으로 이루어지는 자율규제적 모니터링의 중요성은 플랫폼 차원의 성패를 좌우하는 중요한 요소로 부각될 것이다.

현재 우리를 둘러싼 변화는 가히 상상을 초월한다. 하루가 다르게 새로운 기술이 소개되고 우리의 생활방식마저 송두리째 변화시키고 있다. 과거 우리의 안정을 지켜주던 다양한 규제와 법적 틀마저 고유의 역할이 의문시되는 상황이다. 과거에 안정을 지켜주던 제반 틀이나 시스템들이 미래의 안정을 위협하는 위험요인으로 둔갑하는 상황도 전개되고 있다. 그래서 우리는 새로운 패러다임을 준비하고 있으며 이는 오로지 미래의 혁신만이 우리의 성장과 고용을 뒷받침할 수 있다는 믿음 때문이다. 그러나 여전히 준비 없는 규제완화나 섣부른 성과주의는 단기적 효과를 상회하는 장기적 피해를 가져다 주게 된다. 더욱이 보다 근본적인 차원의 준비가 필요한 이슈에 관해서는 단기적 실패가 시간이나 재원면에서 상당한 부담요인으로 작용할 수밖에 없다.

금융 분야에서만 보더라도 과거 모든 지급결제의 핵심적 역할을 수행하던 은행들의 독점적 위치는 점차 약화될 것이며 핀테크 업체나 기술기업들의 약진이 불가피한 실정이다. 변화하는 여건에서 네트워크의 속성을 누구보다 잘 이해하고 있고 탁월한 연결기술도 가지고 있는 새로운 주체들의 역할이 커질 수밖에 없기 때문이다. 이와 같은 변화추세에도 불구하고 기존의 법체계는 여전히 은행 중심으로 짜여있다. 그러다 보니 새로운 시도들은 법의 테두리 밖에 놓이게 되고 관련 여건에 관한 적법성 여부의 판단도 미뤄지게 될 수밖에 없다. 소위 그림자금융(shadow banking)의 확산은 바로 이러한 법적 준비와 기술적 발전 사이에 존재하는 차이를 기반으로 하고 있다. 혁신의 드라이버들로 인해 초래되는 규제공백이나 규제차익 기회는 발전의 기회인 동시에 생태계 차원의 혼란을 가져오게 된다. 이러한 회색지대를 선진국에서는 일종의 샌드박스식으로 미래의 규제체계를 조율하기 위한 다양한 실험을 수행하는 기회로 활용하고 있다. 실제로 기존 법체계 하에서는 뜻하지 않은 법 해석상의 혼란으로 이어질 가능성을 배제하기 어렵다. 결과적으로 책임소재 파악이 어려운 분야에 대해서는 특히 관련 소비자 보호차원의 노력을 구사하는데 신중해야 한다. 다만 기술적 요소의 도입이나 새로운 참여자들의 진입으로 새롭게 만들어진 공간에 대해 감독차원의 메시지와 공정경쟁차원의 해석이 적시에 공히 전달된다면 보다 건전한 생태계의 조성이 가능하다. 지금과 같이 애매모호한 상태가 장기간 방치될 경우 새로운 변화동인도 약화되고 기존의 공급자 중심 패러다임은 본격적인 경쟁제한요소로 발전할 위험도 커진다. 따라서 미래 발전의 열쇠인 기술과 규제의 양측의 균형을 도모하려면 미래의 변화에 관해 사회구성원이 모두 모니터링하고 대비가 필요한 부분을 스스로 개진하는 개방과 협업 환경의 조성이 그 무엇보다도 중요하다.

다만 현실적으로 지금의 사회에서는 다양한 구성원들이 각자의 이해관계에 얽혀서 전체적인 이해에 관한 공감대에는 크게 관심이 없다. 그래서 공공부문의 역할은 더욱 중요해졌다. 특히 소비자 보호나 금융 안정과 같은 굵직한 이슈에 대해 더 이상 분화된 정부 조직에만 기초한 대응을 지양하고 가급적 모든 사회구성원들이 언제나 참여하는 개방구조 위에서 대응방식을 모색해야 한다. 비트코인의 공감대 형성 알고리즘은 하나의 좋은 사례가 될 수 있다. 무엇을 사회구성원들의 진정한 노력으로 인정하는 가에 따라 사회전반의 공감대 형성과 더불어 이에 기초한 각종 법과 규제의 틀이 갖추어지게 될 것이다. 이러한 맥락에서 유럽의 PSD2와 GDPR은 좋은 시도이다.

따라서 4차 산업혁명의 시대를 맞이한 우리들은 철저한 주인의식과 더불어 근본적인 사고방식이나 과거의 믿음에 대해 건전하고도 균형 잡힌 비판의식을 견지해야 한다. 인간의 거의 모든 경제활동과 연관된 노력들이 인공지능과 로봇으로 대체되는 현실 속에서 경제활동에 지속적으로 참여하고 지속적인 균형성장을 이끌어내려면 공정한 경쟁이 지켜지는 범위에서 모든 것들이 자발적인 협업체계 위에서 작동할 수 있도록 관련 생태계가 조성돼야 한다. 이를 위한 자발적 노력은 시장 인센티브 차원에서 강조될 필요가 있다. 결론적으로 우리 스스로의 주인의식이 구현되지 못한다면 초연결 환경의 필수도구마저 무용지물로 변모할 수 있거나 새로움이 보여지지 않는 암흑시대로 빠져들 수도 있다. 결과는 현재의 주도세력이 얼마나 사회 전체의 구성원들이 공히 참여할 수 있는 개방적 포용적 생태계를 키워내는 가에 달려있다. 이러한 관점에서 비트코인의 공감대 알고리즘(consensus algorithm)은 많은 시사점을 던져주고 있다. 이미 우리는 다수가 참여하는 공감대 위에서의 변화만이 지속적인 힘을 발휘할 수 있는 초연결 환경시대에 접어들었다. 빅데이터 4.0은 데이터의 해방을 통해 의식의 공감대를 넓히면서 보다 나은 사회로 나아가기 위한 빛나는 초석이다.

| 참고문헌 |

곽관훈, 기업의 빅데이터(Big Data) 활용과 개인정보의 보호의 조화, 2014.

금융보안원, 전자금융과 금융보안 창간호, 2015.07.

김건우, 알고리즘으로 움직이는 경제, 디지털 카르텔 가능성 커진다, LG경제연구원, 2017.08.02.

김영보, Brain & AI (Artificial Intelligence), 2017.04.11.

김예구, 블록체인 기술과 금융의 변화, KB지식비타민, 15-91호, KB금융지주 경영연구소, 2015.

김은수, & 정종구, 2015년 일본개인정보보호법의 개정 — 개정된 주요 내용과 시사점 —, 연세 글로벌 비즈니스 법학연구, 연세대학교 법학연구원, 2016.

노상규, 네트워크 효과: 사용자 관계가 가치를 만든다, Organic Media Lab, 2015.07.09.

박형근, 이더스트리 4.0, 독일의 미래 제조업 청사진, 포스코경영연구소, 2014.03.07.

오미애, 보건복지분야 데이터 통합 연계 및 정책적 활용사례, 한국보건사회연구원, 2014.10.16.

이준희, 핀테크 트렌드에 따른 법과 규제의 변화 동향, 2015.

전지은, & 이충권, 온라인 판매자들의 가격조정에 관한 연구, 한국전자거래학회지, 19(3), 143-158, 2014.

정보통신정책연구원, 일본 개인정보보호법의 개정 내용 및 평가, 2015.10.12.

최공필, 모바일 결제와 금융생태계의 변화, 통신과 금융의 결합에 관련 정책 세미나, 한국금융 연구원, 2014.12.16.

최공필, 박성준, & 고영미, 소액해외송금업 제도 도입 및 운영방안 연구,

2016.
투이컨설팅, 금융의 새로운 패러다임 핀테크와 디지털뱅크, 핀테크백서, 2015.
한국은행, 우리나라의 지급결제제도, 2009.
Finector, 블록체인 기술의 발전과정과 이해, 2016.
KT경제경영연구소, 국내외 핀테크 산업의 주요 이슈 및 시사점, 디지에코 보고서 Issue Crunch 2015-2호, 2015.
______________, Fintech 세미나, 세계파이낸스 기조발표, 2015.03.
______________, 전자금융의 편의성과 안전성 제고방안, 금융감독원 연구용역, 2014.12.
Back, A., Hashcash-a denial of service counter-measure, 2002.
Accenture, Platform Economy: Technology-driven business model innovation from the outside in, 2016.
Acemoglu, D., & Restrepo, P., Robots and Jobs: Evidence from US labor markets, 2017.
Apple Inc, Learning from Simulated and Unsupervised Images through Adversarial Training, 2016.
Gawer, A., & Cusumano, M. A., Industry platforms and ecosystem innovation, Journal of Product Innovation Management, 31(3), 417-433, 2014.
AKANA, Leverage APIs to create a successful enterprise mobile app strategy, White Paper, 2015.
Bitcoin price theory, https://bitcointalk.org/index.php?topic=441336.0
Rosenberg, B. (Ed.), Handbook of financial cryptography and security, CRC Press, 2010.
B, Schoenmakers., Basic security of the ecash payment system, State

of the Art in Applied Cryptography, 1997.

Cliff Justice, Smart enough for smart machines? - How to disrupt yourself with digital labor, KPMG, 2016.

Chaum, D., Fiat, A., & Naor, M., Untraceable electronic cash, In Proceedings on Advances in cryptology (pp. 319-327), Springer-Verlag New York, Inc., 1990.02.

eMarketer, Global B2C Ecommerce Sales to Hit $1.5 Trillion This Year Driven by Growth in Emerging Markets, 2014.

Evans, D. S., Schmalensee, R., Noel, M. D., Chang, H. H., & Garcia-Swartz, D. D., Platform economics: Essays on multi-sided businesses, 2011.

Deloitte, Digital Ubiquity: How Connections, Sensors, and Data Are Revolutionizing Business, 2015.01.

Dovetail, The rising tide of US Electronic Payments, White Paper, 2015.

Tavilla, E., Industry Perspectives on Mobile/Digital Wallets and Channel Convergence, Mobile Payments Industry Workgroup (MPIW), Federal Reserve Bank of Boston, 2015.03.

Enrique Velasco-Castillo, Amazon's digital platform strategy: lessons for operators from Amazon Web Services, Analysys Mason, 2015.08.13.

Brynjolfsson, E., & McAfee, A., The Second Machine Age: Work, Progress, and Prosperity in a Time of Brilliant Technologies, 2016.

Ernst & Young, Landscaping UK Fintech, 2014.

Gorelik, E., Cloud Computing Models, Working Paper CISL#2013-01, 2013.01.

European Central Bank, Virtual currency schemes: a further analysis, 2015.

Google, Hybrid computing using a neural network with dynamic external memory, nature, 2016.

Choi, G., Paper prepared for the Boston-MIT Conference on Platform Economy July 9-11, 2015. (한국금융연구원, 주간금융브리프, 24-16, 2015.4.25.의 영문판)

Government Office for Science, FinTech Futures: The UK as a World Leader in Financial Technologies. 2015.

Tesselaar, H., As FinTech gains pace, how can banks stay on top in 2015, 2014.12.

Rahnama, H., Startups will overtake enterprises in the new AI ecosystem, 2016.

Iansiti, M., & Lakhani, K.R., Digital Ubiquity: How Connections, Sensors, and Data Are Revolutionizing Business, 2014.11.

J. Camenisch, S. Hohenberger, A. Lysyanskaya, Compact e-cash. Theory and Applications of Cryptographic Techniques, 2005.

JWT Intelligence, THE FUTURE OF PAYMENTS & CURRENCY, 2014.

Metcalfe's law vs Bitcoin market cap, https://bitcointalk.org/index.php?topic=366214.msg5919365#msg5919365

Madureira, A., den Hartog, F., Bouwman, H., & Baken, N., Empirical validation of Metcalfe's law: How Internet usage patterns have changed over time, Information Economics and Policy, 25(4), 246-256, 2013.

McKinsey & Company, "Big data: The next frontier for innovation, competition, and productivity", 2011.06.

Mckinsey & Company, Cutting Through the noise around financial technology, 2016.

Metcalfe, B., "Metcalfe's law after 40 years of Ethernet", IEEE Computer, 2013.

NISA, EeID Authentication methods in e-Finance and e-Payment services, 2013.12.

Noorani, Z., & Pishevar, S., The On-Demand Economy, 2014 ODE Report, 2014.

Oracle, Introduction to API Gateway OAuth 2.0

Parker, G., & Van Alstyne, M., Platform Strategy & Open Business Models, 2013.

Evans, P. C., Agenda 2016 Rise of the Platform Economy, 2015 Segye Finance Seminar, 2015.

Wayner, P., Digital cash: Commerce on the net. Academic Press Professional, Inc., 1997.

Anderson, R., Security engineering, John Wiley & Sons, 2008.

Haber, S., & Stornetta, W. S., Secure names for bit-strings, In Proceedings of the 4th ACM Conference on Computer and Communications Security (pp. 28-35), ACM, 1997.

Schaffers, H., Smart Cities and Regions empowered by the Future Internet

Shapiro, C., & Varian, H. R., Information rules: a strategic guide to the network economy, Harvard Business Press, 1998.

Stone, P., Brooks, R., Brynjolfsson, E., Calo, R., Etzioni, O., Hager, G., … & Leyton-Brown, K., Artificial intelligence and life in 2030, One Hundred Year Study on Artificial Intelligence:

Report of the 2015-2016 Study Panel, 2016.09.
The Pulse of Fintech, Q2 2016, Global Analysis of Fintech Venture Funding, KPMG International and CB Insights (data provided by CB Insights), 2016.08.17.
UK HM Treasury, Data sharing and open data for banks, 2014.12.03.
UK HM Treasury, Banking for the 21st Century: driving competition and choice, 2015.
UK Trade & Investment, Fintech: The UK's unique environment for growth, 2014.08.
US Federal Reserve System, Strategies for Improving the U.S. Payment System, 2015.
Wang, R., Monday's Musings: Understand The Spectrum Of Seven Artificial Intelligence Outcomes, Software Insider, 2016.09.18.
World Economic Forum, The Future of Financial Services: The Rise of Non-Traditional Payment Systems, 2015.
World Economic Forum, The Future of Fintech: A Paradigm Shift in Small Business Finance, 2015.
World Economic Forum, The Future of Financial Infrastructure: An ambitious look at how blockchain can reshape financial services, 2016.
Church, Z., READING LIST: DIGITAL PLATFORM STRATEGY, MIT Sloan, 2016.08.16.
Zhang, X. Z., Liu, J. J., & Xu, Z. W., Tencent and Facebook data validate Metcalfe's law, Journal of Computer Science and Technology, 30(2), 246, 2015.